LE

CAPITAINE ARÉNA.

Extrait du Catalogue de DOLIN, Libraire.

LIVRES DE FONDS.

ŒUVRES DE P.-L. JACOB (*Bibliophile*).

	fr. c.	fr. c.
LA DANSE MACABRE, 1 vol. in-8...............	7 50	3 »
LES FRANCS TAUPINS, 3 vol. in-8.............	21 »	9 »
LE ROI DES RIBAUDS, 2 vol. in-8, portrait (épuisé).	15 »	10 »
LES DEUX FOUS, 2 vol. in-8...................	15 »	6 »
PIGNEROL, 2 vol. in-8........................	15 »	6 »
LA FOLLE D'ORLÉANS, 2 vol. in-8............	15 »	6 »
VERTU ET TEMPÉRAMENT, 2 vol. in-8........	15 »	6 »
SOIRÉES DE WALTER SCOTT, 2 vol. in-8 (épuisé).	15 »	10 »
LE BON VIEUX TEMPS, 2 vol. in-8............	15 »	6 »
QUAND J'ÉTAIS JEUNE, 2 vol. in-8...........	15 »	6 »
MON GRAND FAUTEUIL, 2 vol. in-8 (épuisé)....	15 »	10 »
LA FEMME SUPÉRIEURE (formant les tom. 13 et 14 des Études de Mœurs), par H. de Balzac, 2 vol. in-8..	15 »	10 »
LES REVENANTS, par J. Sandeau (auteur de MARIANNA), 2 vol. in-8............................	15 »	10 »
LES CATACOMBES, par J. Janin, 6 vol. in-12.....	18 »	6 »
LE SIÉGE DE VIENNE, roman historique, par madame la baronne de Montolieu, 3 vol. in-12 (épuisé).	10 »	7 »
LA ROSE DE JÉRICHO, par madame la baronne de Montolieu, 1 vol. in-12.........................	3 »	2 »
LE VICOMTE DE PLESSIS-LÈS-TOURS, par Chasserot, 2 vol...............................	15 »	4 »
LE DERNIER JOUR, poëme en dix chants, par Jean Reboul, de Nîmes; accompagné de notes et suivi d'une Lamentation à la ville de Nîmes, 1 vol. in-8.	7 50	3 »
HISTOIRE D'HÉLOISE ET D'ABAILARD, par M. Guizot; 2 vol. grand in-8, avec 40 gravures (édit. Houdaille).......................................	20 »	8 »
LE TAPAGEUR, roman de mœurs, par Aug. Ricard, 2 vol. in-8....................................	15 »	10 »
DON JUAN DE SERVANDONA, par de Fonbonne, 2 vol...	15 »	7 »
ÉRARD DU CHATELET, par le comte de Pastoret, auteur de GUISE A NAPLES, 2 vol. in-8.......	15 »	10 »
ROBERT DE CUNINGHAM, 2 vol. in-8.........	15 »	9 »

— IMPRIMÉ PAR BÉTHUNE ET PLON. —

LE CAPITAINE
ARÉNA.

Par ALEX. DUMAS.

TOME PREMIER.

PARIS.
DOLIN, LIBRAIRE-COMMISSIONNAIRE,
QUAI DES AUGUSTINS, 47.

M DCCC XLII.

LE CAPITAINE ARÉNA.

CHAPITRE PREMIER.

LA MAISON DES FOUS.

A neuf heures du matin le capitaine Aréna vint nous prévenir que notre bâtiment était prêt et n'attendait plus que nous pour mettre à la voile. Nous quittâmes aussitôt l'hôtel, et nous nous rendîmes sur le port.

La veille, nous avions été visiter la maison des fous : qu'on nous permette de jeter un regard en arrière sur ce magnifique établissement.

La *Casa dei Matti* jouit non-seulement d'une immense réputation en Sicile et en Italie, mais encore par tout le reste de l'Europe. Un seigneur sicilien qui avait visité plusieurs établissements de ce genre, révolté de la façon dont les malheureux malades y étaient traités, résolut de consacrer son palais, sa fortune et sa vie à la guérison des aliénés. Beaucoup de gens prétendirent que le baron Pisani était aussi fou que les autres, mais sa folie à lui était au moins une folie sublime.

Le baron Pisani était riche, il avait une magnifique villa, il était âgé de trente-cinq ans à peine; il fit le sacrifice de sa jeunesse, de son palais, de sa fortune. Sa vie devint celle d'un garde-malade, son palais fut échangé contre un appartement de quatre ou cinq chambres, et de toute sa fortune il ne se réserva que six mille livres de rente.

Ce fut lui-même qui voulut bien se charger de nous faire les honneurs de son établissement. Il avait choisi pour cette visite le dimanche, qui est un jour de fête pour ses administrés. Nous nous arrêtâmes devant une maison de fort belle apparence, qui n'avait que ceci de particulier, que toutes les fenêtres en étaient grillées, mais encore fallait-il être prévenu pour s'en apercevoir. Ces grillages travaillés et peints représentaient, les uns des ceps de vignes chargés de raisins, les autres des convolvuli aux longues feuilles et aux clochettes bleues ; tout cela perdu dans des fleurs et des fruits naturels qu'au toucher seulement on pouvait distinguer des fleurs et des fruits peints.

La porte nous fut ouverte par un concierge en habit ordinaire ; seulement au lieu de l'attirail obligé d'un gardien de fous, armé ordinairement d'un bâton et orné d'un trousseau de clefs, il avait un bouquet au côté et une flûte à la main. En entrant le baron Pisani lui demanda comment les choses allaient; il répondit que tout allait bien.

La première personne que nous rencontrâmes dans le corridor fut une espèce de commissionnaire qui portait une charge de bois. En apercevant M. Pisani, il vint à lui, et, posant sa charge de bois à terre, il lui prit en souriant sa main, qu'il baisa. Le baron lui demanda pourquoi il n'était pas dans le jardin à s'amuser avec les autres ; mais il lui répondit que, comme l'hiver approchait, il pensait qu'il n'avait pas de temps à perdre pour descendre le bois du grenier à la cave. Le baron l'encouragea dans cette bonne disposition, et le commissionnaire reprit ses fagots et continua sa route.

C'était un des propriétaires les plus riches de Castelveterano, qui, n'ayant jamais su s'occuper, était tombé dans une espèce de spleen qui l'avait conduit tout droit à la folie. On l'avait alors amené au baron Pisani, qui, l'ayant pris à part, lui avait expliqué qu'il avait été changé en nourrice, et que cette substitution ayant été reconnue, il serait désormais obligé de travailler pour vivre. Le fou n'en avait tenu aucun compte et s'était croisé les deux bras, attendant que ses domestiques lui vinssent, comme d'habitude, apporter son dîner. Mais à l'heure accoutumée les domestiques n'étaient pas venus, la faim avait commencé de se faire sentir; néanmoins, le Castelvéteranois avait tenu bon et avait passé la nuit à appeler, à crier, à frapper le long des murs et à réclamer son dîner : tout avait été inutile, les murs avaient fait les sourds, et le prisonnier était resté à jeun.

Le matin, le gardien était entré vers les neuf heures, et le fou lui avait demandé impérieusement son déjeuner. Le gardien lui avait alors tranquillement demandé un ou deux écus pour aller l'acheter en ville. L'affamé avait fouillé dans ses poches, et n'y ayant rien trouvé, il avait demandé du crédit; ce à quoi le gardien avait répondu que le crédit était bon pour les grands seigneurs, mais qu'on ne faisait pas crédit à de la canaille comme lui. Alors le pauvre diable avait réfléchi profondément, et avait fini par demander au gardien ce qu'il fallait qu'il fît pour se procurer de l'argent. Le gardien lui dit que s'il voulait l'aider à porter au grenier le bois qui était à la cave, à la douzième brassée il lui donnerait deux grains; qu'avec deux grains il aurait un pain de deux livres, et qu'avec ce pain de deux livres il apaiserait son appétit. Cette condition avait paru fort dure à l'ex-aristocrate; mais enfin, comme il lui paraissait plus dur encore de ne pas déjeuner après s'être passé de dîner la veille, il avait suivi le gardien, était descendu avec lui à la cave, avait porté ses douze brassées de bois au grenier, avait reçu ses deux grains, et en avait acheté un pain de deux livres qu'il avait dévoré.

A partir de ce moment, la chose avait été toute seule. Le fou s'était remis à porter son bois pour gagner son dîner. Comme il en avait porté trente-six brassées au lieu de douze, le dîner avait été trois fois meilleur que le déjeuner. Il avait pris goût à cette amélioration, et le lendemain, après avoir passé une nuit parfaitement tranquille, il s'était mis à faire la chose de lui-même.

Depuis ce temps, on ne pouvait plus l'arracher à cet exercice, qu'il continuait de prendre, comme on l'a vu, même les dimanches et les jours de fête; seulement, quand tout le bois était monté de la cave au grenier, il le redescendait du grenier à la cave, et *vice versâ*.

Il y avait un an qu'il faisait ce métier, le côté splénétique de sa folie avait complétement disparu; il était redevenu, sinon gras, du moins fort, car sa santé physique était parfaitement rétablie, grâce au travail assidu qu'il faisait. Dans quelques jours, le baron se proposait d'attaquer la partie morale, en lui disant qu'on était à la recherche de papiers qui pourraient bien prouver que l'accusation de substitution dont il était victime était fausse. Mais si bien guéri que son pensionnaire dût jamais être, le baron Pisani nous assura qu'il ne le laisserait sortir que sous la promesse formelle que, quelque part qu'il fût, il monterait tous les jours de la cave au grenier, ou descendrait tous les jours du grenier à la cave, douze charges de bois, pas une de plus, pas une de moins.

Comme tous les fous étaient dans le jardin, à l'exception de trois ou quatre qu'on n'osait laisser communiquer avec les autres parce qu'ils étaient atteints de folie furieuse, le baron nous conduisit voir d'abord l'établissement avant de nous montrer ceux qui l'habitaient. Chaque malade avait une cellule, enjolivée ou attristée selon son caprice. L'un, qui se prétendait fils du roi de la Chine, avait une quantité d'étendards de soie, chargés de dragons et de serpents de toutes les formes peints dessus, avec toute sorte d'ornements impériaux en papiers dorés. Sa folie était douce et gaie, et le baron Pisani espérait le guérir en lui faisant lire un jour sur une gazette que son père venait d'être détrôné, et avait renoncé à la couronne pour lui et sa postérité. L'autre, dont la folie était de se croire mort, avait un lit en forme de bière, dont il ne sortait que drapé en fantôme; sa chambre était toute tendue de crêpe noir avec des larmes d'argent. Nous demandâmes au baron comment il comptait guérir celui-là. — Rien de plus facile, nous répondit-il; j'avancerai le jugement dernier de trois ou quatre mille ans. Une nuit, je l'éveillerai au son de la trompette, et je ferai entrer un ange qui lui ordonnera de se lever de la part de Dieu.

Celui-là était depuis trois ans dans la maison; et, comme il allait de mieux en mieux, il n'avait plus que cinq ou six mois à attendre la résurrection éternelle.

En sortant de cette chambre nous entendîmes de véritables rugissements sortir d'une chambre voisine; le baron nous demanda alors si nous voulions voir de quelle façon il traitait ses fous furieux: nous répondîmes que nous étions à ses ordres, pourvu qu'il nous garantît que nous nous en tirerions avec nos yeux; il se mit à rire, prit une clef des mains du gardien, et ouvrit la porte.

Cette porte donnait dans une chambre matelassée de tous côtés, et dans laquelle il n'y avait pas de vitraux, de peur sans doute que celui qui l'habitait ne se blessât en brisant les carreaux. Cette absence de clôture n'était, au reste, qu'un très-médiocre inconvénient; l'exposition de la chambre étant au midi, et le climat de la Sicile étant constamment tempéré.

Dans un coin de cette chambre il y avait un lit, et sur ce lit un homme vêtu d'une camisole de force qui lui serrait les bras autour du corps et lui fixait les reins à la couchette. Un quart d'heure auparavant il avait eu un accès terrible, et les gardiens avaient été obligés de recourir à cette mesure répressive, fort rare, au reste, dans cet établissement. Cet homme pouvait avoir de trente à trente-cinq ans, avait dû être extrêmement beau, de cette beauté italienne qui consiste dans des yeux ardents, dans un nez recourbé, et dans une barbe et des cheveux noirs, et était bâti comme un Hercule.

Lorsqu'il entendit ouvrir la porte, ses rugissements redoublèrent; mais à peine en soulevant la tête ses regards eurent-ils rencontré ceux du baron, que ses cris de rage se changèrent en cris de douleur, qui bientôt eux-mêmes dégénérèrent en plaintes. Le baron s'approcha de lui, et lui demanda ce qu'il avait fait pour qu'on l'attachât ainsi. Il répondit qu'on lui avait enlevé Angélique, et qu'alors il avait voulu assommer Médor. Le pauvre diable se figurait qu'il était Roland, et malheureusement, comme son patron, sa folie était une folie furieuse.

Le baron le tranquillisa tout doucement, lui assurant qu'Angélique avait été enlevée malgré elle, mais qu'à la première occasion elle s'échapperait des mains de ses ravisseurs pour venir le rejoindre. Peu à peu cette promesse, renouvelée d'une voix pleine de persuasion, calma l'amant désolé, qui demanda alors au baron de le détacher. Le baron lui fit donner sa parole d'honneur qu'il ne chercherait pas à profiter de sa liberté pour courir après Angélique; le fou la lui donna de la meilleure foi du monde. Alors le baron délia les boucles qui l'attachaient, et lui enleva la camisole de force, tout en le plaignant sur le malheur qui venait de lui arriver. Cette sympathie à ses malheurs imaginaires eut son effet; quoique libre, il n'essaya pas même de se lever, mais seulement s'assit sur son lit. Bientôt ses plaintes dégénérèrent en gémissements, et ses gémissements en sanglots; mais, malgré ces sanglots, pas une larme ne sortait de ses yeux. Depuis un an qu'il était dans l'établissement, le baron avait fait tout ce qu'il avait pu pour le faire pleurer, mais il n'avait jamais pu y réussir. Il comptait un jour lui annoncer la mort d'Angélique, et le faire assister à l'enterrement d'un mannequin; il espérait que cette dernière crise lui briserait le cœur, et qu'il finirait enfin par pleurer. S'il pleurait, M. Pisani ne doutait plus de sa guérison.

Dans la chambre en face était un autre fou furieux, que deux gardiens balançaient dans un hamac où il était attaché. A travers les barreaux de sa fenêtre, il avait vu ses camarades se promener dans le jardin, et il voulait aller se promener avec eux; mais comme à sa dernière sortie il avait failli assommer un fou mélancolique, qui ne fait de mal à personne et se promène ordinairement en ramassant les feuilles sèches qu'il trouve dans son chemin et qu'il rapporte précieusement dans sa cellule pour en composer un herbier, on s'était opposé à son désir. Ce qui l'avait mis dans une telle colère qu'on avait été obligé de le lier dans son hamac, ce qui est la seconde mesure de répression; la première étant l'emprisonnement; la troisième, le gilet de force. Au reste, il était frénétique, faisait tout ce qu'il pouvait pour mordre ses gardiens, et poussait des cris de possédé.

— Eh bien! lui demanda le baron en entrant, qu'y a-t-il? Nous sommes donc bien méchant aujourd'hui!

Le fou regarda le baron, et passa de ses hurlements à de petits cris pareils à ceux d'un enfant qui pleure.

— On ne veut pas me laisser aller jouer, dit-il; on ne veut pas me laisser aller jouer.

— Et pourquoi veux-tu aller jouer?

— Je m'ennuie ici, je m'ennuie; et il se remit à vagir comme un poupard.

— Au fait, dit le baron Pisani, tu ne dois pas t'amuser, attaché comme cela; attends, attends. Et il le détacha.

— Ah! fit le fou en sautant à terre et en étendant ses bras et jambes; ah! maintenant je veux aller jouer.

— C'est impossible, dit le baron; parce que la dernière fois qu'on te l'a permis, tu as été méchant.

— Alors, que vais-je donc faire? demanda le fou.

— Écoute, reprit le baron, pour te distraire un instant, veux-tu danser la tarentelle?

— Ah! oui, la tarentelle, s'écria le fou avec un accent joyeux dans lequel il ne restait pas la moindre trace de sa colère passée; la tarentelle.

— Allez lui chercher Thérésa et Gaëtano, dit le baron Pisani en s'adressant à l'un des gardiens; puis se retournant vers nous : — Thérésa, continua-t-il, est une folle furieuse, et Gaëtano est un ancien maître de guitare qui est devenu fou. C'est le ménétrier de l'établissement.

Un instant après, nous vîmes arriver Thérésa; deux hommes la portaient, et elle faisait d'incroyables efforts pour s'échapper de leurs mains. Gaëtano la suivait gravement avec sa guitare, mais sans que personne eût besoin de l'accompagner, car sa folie était des plus inoffensives. Mais à peine Thérésa eut-elle aperçu le baron, qu'elle courut dans ses bras en l'appelant son père ; puis, l'entraînant dans un coin de la cellule, elle se mit à lui raconter tout bas les tracasseries qu'on lui avait faites depuis le matin.

— C'est bien, mon enfant, c'est bien, dit le baron, j'ai appris tout cela à l'instant même, voilà pourquoi j'ai voulu te récompenser en te donnant un instant d'agrément : veux-tu danser la tarentelle ?

— Ah ! oui, ah ! oui, la tarentelle, s'écria la jeune fille en allant se placer devant son danseur, qui depuis un instant s'était déjà mis en mouvement et qui pelotait tout seul tandis que Gaëtano accordait son instrument.

— Allons, Gaëtano, allons, presto, presto, dit le baron.

— Un instant, votre majesté, il faut que l'instrument soit d'accord.

— Il me croit le roi de Naples, reprit le baron ; il eût été trop fier pour entrer au service d'un particulier, mais je l'ai fait premier musicien de ma chapelle, je lui ai donné le titre de chambellan, je l'ai décoré du grand cordon de Saint-Janvier, de sorte qu'il est fort satisfait. Si vous lui parlez ayez la bonté de l'appeler excellence. — Eh bien, maëstro, où en sommes-nous ?

— Voilà, votre majesté, dit le musicien en commençant l'air de la tarentelle.

J'ai déjà dit l'effet magique de cet air sur les Siciliens, mais jamais je n'avais vu un résultat pareil à celui qu'il opéra sur les deux fous; leurs figures se déridèrent à l'instant même, ils firent claquer leurs doigts comme des castagnettes, et ils commencèrent une danse dont le baron pressa de plus en plus la mesure; au bout d'un quart d'heure ils étaient en sueur tous deux, et n'en continuaient pas moins, suivant la mesure toujours plus précise avec une justesse étonnante : enfin, l'homme tomba le premier, épuisé de fatigue; cinq minutes après la femme se coucha à son tour; on mit l'homme sur son lit et l'on emporta la femme dans sa chambre. Le baron Pisani répondait d'eux pour vingt-quatre heures. Quant au guitariste, on l'envoya dans le jardin faire les délices du reste de la société.

M. le baron Pisani nous fit alors passer

dans une grande salle, où, quand par hasard il fait mauvais, les malades se promènent : cette salle était pleine de fleurs, et les murs étaient tout couverts de fresques représentant presque toutes des sujets bouffons. C'est là surtout que le bon docteur, qui connaît à fond le genre de folie de chacun de ses pensionnaires, fait les études les plus curieuses ; il les prend par-dessous le bras, les conduit tantôt devant une fresque, tantôt devant une autre, et les explique à ses malades ou se les fait expliquer par eux : une de ces fresques représente le gentil paladin Astolfe allant chercher dans la lune la fiole qui contient la raison de Roland. Je demandai alors au baron comment il avait osé placer dans une maison de fous un tableau qui fait allusion à la folie. — Ne dites pas trop de mal de cette fresque, me répondit le baron ; elle en a guéri dix-sept.

Outre les fleurs logées dans les embrasures de ses fenêtres et les fresques peintes sur ses murailles, cette salle contenait un certain nombre de tambours à tapisserie, de métiers de tisserand et de rouets à filer ; chacun de ces instruments portait quelque ouvrage commencé par les fous. Une des premières règles de la maison est le travail ; quiconque ne connaît aucun métier, bêche la terre, tire de l'eau aux pompes ou porte du bois. Les dimanches et les jours de fête ceux qui veulent se distraire, lisent, dansent, jouent à la balle, ou se balancent sur des escarpolettes ; le baron prétendant qu'une occupation quelconque est un des plus puissants remèdes à la folie, et qu'il faut toujours que les fous travaillent ou s'amusent, fatiguent le corps ou occupent l'esprit. L'expérience au reste est pour lui : proportion gardée, il guérit un nombre d'aliénés double de ceux que guérissent les médecins qui appliquent à leurs malades le traitement ordinaire.

De la salle de travail nous passâmes au jardin : c'est un délicieux parterre, arrosé par des fontaines et abrité par de grands arbres, où tous ces pauvres malheureux se promènent presque toujours isolés les uns des autres, chacun s'abandonnant à son genre de folie, et suivant les allées, les uns bruyants, les autres silencieux. Le caractère principal de la folie est le besoin de la solitude; presque jamais deux fous ne causent ensemble; ou s'ils causent ensemble, chacun suit son idée, et répond à sa pensée, mais jamais à celle de son interlocuteur, quoiqu'il n'en soit pas ainsi avec les étrangers qui viennent les voir, et qu'au premier aspect quelques-uns paraissent pleins de sens et de raison.

Le premier que nous rencontrâmes était un jeune homme de 26 ou 28 ans, nommé Lucca. C'était avant sa folie un des avocats les plus distingués de Catane. Un jour il avait eu au spectacle une discussion avec un Napolitain, qui, au lieu de mettre dans sa poche la carte que Lucca lui avait glissée dans la main, était allé se plaindre à la garde; or, la garde était composée de soldats napolitains qui, ne demandant pas mieux que de chercher noise à un Sicilien, vinrent signifier à Lucca de sortir du parterre. Lucca, qui n'avait en rien troublé la tranquillité publique, les envoya promener; un Napolitain lui mit la main sur le collet; un coup de poing bien appliqué l'envoya rouler à dix pas; mais aussitôt tous tombèrent sur le récalcitrant, qui se débattit quelque temps et finit enfin par recevoir un coup de crosse qui lui fendit le crâne et le renversa évanoui. Alors on l'emporta et on le déposa dans un des cachots de la prison. Lorsque le lendemain le juge vint pour l'interroger, il était fou.

Sa folie était des plus poétiques : tantôt il se croyait Le Tasse, tantôt Schakspeare, tantôt Châteaubriand. Ce jour-là il s'était décidé pour Dante; et suivant une allée, un crayon et du papier à la main, il composait son 33e chant de l'Enfer.

Je m'approchai de lui par derrière, il en était à l'épisode d'Ugolin ; mais sans doute la mémoire lui manquait, car deux ou trois fois il répéta en se frappant le front :

La bocca sollevò dal fiero pasto;

mais sans pouvoir aller plus loin. Je pensai que c'était un excellent moyen de me mettre dans ses bonnes grâces que de lui souffler les premiers mots du vers suivant; et comme il se frappait la tête de nouveau en signe de détresse, j'ajoutai :

Quel peccator forbendola.

— Ah ! merci, s'écria-t-il, merci ; sans vous je sentais toutes mes idées qui se brouillaient, et je crois que j'allais devenir fou. *Quel peccator forbendola.* C'est cela, c'est cela, et il continua

A' capelli. . . . .

jusqu'à la fin du second tercet.

Alors, profitant du point qui suspendait le sens, et permettait au compositeur de respirer :

— Pardon, monsieur, lui dis-je, mais j'apprends que vous êtes le Dante.

— C'est moi-même, me répondit Lucca, que voulez-vous ?

— Faire votre connaissance. J'ai d'abord été à Florence pour avoir cet honneur, mais vous n'y étiez plus.

— Vous ne savez donc pas ? répondit Lucca avec cette voix brève qui est un des caractères de la folie, ils m'en ont chassé de Florence ; ils m'ont accusé d'avoir volé l'argent de la république. Dante un voleur ! J'ai pris mon épée, les sept premiers chants de mon poëme, et je suis parti.

— J'avais espéré, repris-je, vous joindre entre Feltre et Montefeltro.

— Ah! oui, dit-il, oui, chez Can Grande della Scala.

El gran Lombardo,
Che'a su la Scala porta il santo uccello.

Mais je n'y suis resté qu'un instant; il me faisait payer trop cher son hospitalité : il me fallait vivre là avec des flatteurs, des bouffons, des courtisans, des poètes; et quels poètes! Pourquoi n'êtes-vous pas venu par Ravennes?

— J'y ai été, mais je n'y ai trouvé que votre tombeau.

— Et encore je n'étais plus dedans. Vous savez comment j'en suis sorti?

— Non.

— J'ai trouvé un moyen de ressusciter toutes les fois que je suis mort.

— Est-ce un secret?

— Pas le moins du monde.

— Peste! mais c'est que je ne serais pas fâché de le connaître.

— Rien de plus facile : au moment de mourir je recommande qu'on creuse ma fosse bien profonde, bien profonde : vous savez que le centre de la terre est un immense lac ?

— Vraiment ?

— Immense. Or, l'eau ronge toujours, comme vous savez ; l'eau ronge, ronge, ronge, jusqu'à ce qu'elle arrive à moi ; alors elle m'emporte jusqu'à la mer. Arrivé au fond de la mer, je me couche, les deux talons appuyés à deux branches de corail. Le corail pousse ; car, comme vous le savez, le corail est une plante : il pousse, pousse, pousse, passe dans les veines et fait le sang ; alors il monte toujours, monte, monte, monte, et quand il arrive au cœur je ressuscite.

— Mon cher poète, dit vivement le baron interrompant notre conversation, est-ce que vous ne serez pas assez bon pour jouer une contredanse à ces pauvres gens ?

— Si fait, mon cher baron, reprit Lucca en prenant le violon que lui présentait le baron Pisani et en le mettant d'accord ; si fait ; où sont-ils, où sont-ils ? Et il monta sur une chaise, comme ont l'habitude de faire les ménétriers.

— Maëstro, dit le baron en appelant Gaëtano qui accourut avec sa guitare, maëstro, une contredanse.

— Oui, majesté, répondit Gaëtano en montant sur une chaise voisine de celle de Lucca, et en lui donnant le LA.

Et tous deux se mirent à jouer une contredanse.

Aussitôt de tous les coins du jardin accoururent, dans les costumes les plus étranges, une douzaine de fous, hommes et femmes, parmi lesquels je reconnus au premier coup d'œil le fils de l'empereur de la Chine et le prétendu mort; le premier avait sur la tête une magnifique couronne de papier doré; l'autre était enveloppé d'un grand drap blanc et marchait d'un pas grave et posé, comme il convient à un fantôme : les autres étaient le fou mélancolique, qui venait visiblement à regret et que de temps en temps étaient obligés de pousser deux gardiens; une femme qui se croyait sainte Thérèse et qui avait des extases, puis enfin une jeune femme de vingt à vingt et un ans, dont on pouvait sous les traits flétris deviner la beauté première : elle aussi venait péniblement, et plutôt traînée que conduite par une femme qui paraissait chargée de sa garde; enfin elle se mit en place comme les autres, et la contredanse commença.

Contredanse étrange, où chaque acteur semblait obéir mécaniquement à la pression de quelque ressort secret qui le mettait en mouvement, tandis que son esprit suivait la pente où l'entraînait la folie; quadrille joyeux en apparence, sombre en réalité, où tout était insensé, musique, musiciens et danseurs; spectacle terrible à regarder, en ce qu'il laissait voir au plus profond de la faiblesse humaine.

Je m'écartai un instant. J'avais peur de devenir fou moi-même.

Le baron vint à moi.

— J'ai interrompu votre conversation avec ce pauvre Lucca, me dit-il, car je ne permets pas qu'il se perde dans ses systèmes métaphysiques. Les fous métaphysiciens sont les plus difficiles à guérir, en ce qu'on ne peut pas dire où la raison finit, où la folie commence. Qu'il se croie Dante, le Tasse, Arioste, Shakspeare ou Chateaubriand, il n'y a pas d'inconvénient à cela. J'ai sauvé presque tous ceux qui n'avaient que ce genre d'aliénation, et je sauverai Lucca, j'en suis certain. Mais ceux que je ne sauverai pas, continua le baron en secouant la tête et en étendant la main vers les danseurs, c'est cette pauvre folle qui se débat pour quitter sa place et retourner à l'écart. Et, tenez, la voilà qui se renverse en arrière, sa crise lui prend; jamais elle ne pourra entendre la musique, jamais elle ne pourra voir danser sans retomber dans sa folie. — C'est bien, c'est bien, laissez-la tranquille, cria le baron à la femme qui en avait soin et qui voulait la forcer de rester à la contredanse. Costanza, Costanza, viens, mon enfant, viens. Et il fit quelques pas vers elle, tandis que la jeune fille, profitant de sa liberté, accourait légère comme une gazelle effarouchée, et, tout en regardant derrière elle pour voir si elle n'était pas poursuivie, venait se jeter toute sanglotante dans ses bras.

— Eh bien, mon enfant, dit le baron, voyons, qu'y a-t-il encore?

— O mon père, mon père! ils ne veulent pas ôter leurs masques, ils ne veulent dire leurs noms qu'à lui, ils l'emmènent dans la chambre à côté. Oh! ne le laissez pas aller avec eux, au nom du ciel; ils le tueront, Albano, Albano, ah!... ah! mon Dieu, mon Dieu, c'est fini..., il est trop tard! Et la jeune fille se renversa presque évanouie dans les bras du baron, qui, quelque habitué qu'il fût à ce spectacle, ne put s'empêcher de tirer un mouchoir de sa poche et d'essuyer une larme qui roulait le long de sa joue.

Pendant ce temps-là les autres dansaient toujours, sans s'occuper le moins du monde de la douleur de la jeune fille; et, quoique sa crise eût commencé au milieu de tous, aucun n'avait paru s'en apercevoir, pas même Lucca, qui jouait du violon avec une espèce de frénésie, frappant du pied et criant des figures que personne ne suivait. Je sentis que le vertige me gagnait, c'était une de ces scènes comme en raconte Hoffmann, ou comme on en voit en rêve. Je demandai au baron la permission de lire les règlements de sa maison, dont on m'avait parlé comme d'un modèle de philanthropie; il tira de sa poche une petite brochure imprimée, et je me retirai dans un cabinet d'étude que le baron s'était réservé et dont il me fit ouvrir la porte.

Je citerai deux ou trois articles de ce règlement.

CHAPITRE V.

Art. 45.

« On a déjà aboli dans la maison des fous l'usage cruel et abominable des chaînes et des coups de bâton, qui, au lieu de rendre plus calmes et plus dociles les malheureux aliénés, ne font que redoubler leur fureur et leur inspirer des sentiments de vengeance. Néanmoins, si, malgré la douceur qu'on emploie avec eux, ils s'abandonnent à la violence, on aura recours aux moyens de restriction, en n'oubliant jamais que les fous ne sont point des coupables à punir, mais bien de pauvres malades auxquels il faut porter des secours, et dont la position malheureuse réclame tous les égards dus au malheur et à la souffrance. »

Art. 46.

« De toutes les méthodes de restriction dont on se sert actuellement dans les hospices et les établissements des aliénés chez les nations les plus civilisées de l'Europe, il n'en sera adopté que trois : l'emprisonnement dans la chambre, la ligature dans un hamac et la camisole de force, convaincu qu'est le directeur de la maison des fous de Palerme, non-seulement de l'inefficacité, mais encore du danger réel des machines de rotation, des bains de surprise, des lits de force, moyens de répression plus cruels encore que l'emploi des chaînes aboli dans quelques établissements. »

Art. 48.

« Cependant, comme on est quelquefois avec les aliénés contraint d'employer la force, dans les cas extrêmes la force sera employée. Alors la répression se fera, non pas avec bruit et dureté, mais avec fermeté et humanité en même temps, et en faisant comprendre, autant que cela sera possible, aux malades la douleur que leurs gardiens éprouvent d'être contraints de se servir de pareils moyens envers eux. »

Art. 51.

« L'emploi de la camisole de force ne sera

jamais ordonné que par le directeur ; mais encore toutes les précautions seront prises au moment d'en faire usage, surtout lorsque l'application devra en être faite à une femme, à laquelle le serrement des courroies pourrait faire beaucoup de mal en comprimant les muscles de la poitrine. »

J'achevais la lecture *delle Instruzioni* (c'est le titre de ces règlements) lorsque le baron rentra accompagné de Lucca, parfaitement calmé par la musique qu'il venait de faire, et qui, ayant appris mon nom, voulait, en sa qualité de confrère en poésie, me faire ses compliments. Il connaissait de moi *Antony* et *Charles VII*, et me pria de lui mettre quelques vers sur son album. Je lui demandai la réciprocité, mais il réclama jusqu'au lendemain matin, voulant me faire ces vers tout exprès. Il était redevenu parfaitement calme, parlait avec douceur et gravité à la fois, et, sauf la conviction qu'il avait gardée d'être Dante, n'avait pour le moment aucune des manières d'un fou.

L'heure était venue de nous retirer ; d'ailleurs, un des spectacles que je supporte le moins long-temps et avec le plus de peine, est celui de la folie. Le baron, qui avait affaire de notre côté, nous offrit de nous reconduire, nous acceptâmes.

En traversant la cour, je revis la jeune fille qui était venue se jeter dans les bras du baron; elle était agenouillée devant le bassin d'une fontaine, et elle s'y regardait comme dans un miroir, s'amusant à tremper dans l'eau les longues boucles de ses cheveux, dont elle appuyait ensuite l'extrémité mouillée sur son front brûlant.

Je demandai au baron quel événement avait produit cette folie sombre et douloureuse, à laquelle lui-même ne voyait aucun espoir de guérison. Le baron me raconta ce qui suit:

— Costanza (on se rappelle que c'est le nom que le baron avait donné à la jeune folle) était la fille unique du dernier comte de la Bruca; elle habitait avec lui et sa mère, entre Syracuse et Catane, un de ces vieux châteaux d'architecture sarrasine, comme il en reste encore quelques-uns en Sicile. Mais, quelque isolé que fût le château, la beauté de Costanza ne s'en était pas moins répandue de Messine à Trappani; et plus d'une fois de jeunes seigneurs siciliens, sous le prétexte que la nuit les avait surpris dans leur voyage, vinrent demander au comte de la Bruca une hospitalité qu'il ne refusait jamais. C'était un moyen de voir Costanza. Ils la voyaient, et presque tous s'en allaient amoureux-fous d'elle.

Parmi ces visiteurs intéressés, passa un jour le chevalier Bruni. C'était un homme de vingt-huit à trente ans, qui avait ses biens à Castrogiovanni, et qui passait pour un de ces hommes violents et passionnés qui ne reculent devant rien pour satisfaire un désir d'amour, ou pour accomplir un acte de vengeance.

Costanza ne le remarqua point plus qu'elle ne faisait des autres; et le chevalier Bruni passa une nuit et un jour au château de la Bruca, sans laisser après son départ le moindre souvenir dans le cœur ni dans l'esprit de la jeune fille.

Il faut tout dire aussi : ce cœur et cet esprit étaient occupés ailleurs. Le comte de Rizzari avait un château situé à quelques milles seulement de celui qu'habitait le comte de la

Bruca. Une vieille amitié liait entre eux les deux voisins, et faisait qu'ils étaient presque toujours l'un chez l'autre. Le comte de Rizzari avait deux fils, et le plus jeune de ces deux fils, nommé Albano, aimait Costanza et était aimé d'elle.

Malheureusement, c'est une assez triste position sociale que celle d'un cadet sicilien. A l'aîné est destinée la charge de soutenir l'honneur du nom, et, par conséquent, à l'aîné revient toute la fortune. Cet amour de Costanza et d'Albano, loin de sourire aux deux pères, les effraya donc pour l'avenir. Ils pensèrent que, puisque Costanza aimait le frère cadet, elle pourrait aussi bien aimer le frère aîné; et le pauvre Albano, sous prétexte d'achever ses études, fut envoyé à Rome.

Albano partit d'autant plus désespéré que l'intention de son père était visible. On destinait le pauvre garçon à l'état ecclésiastique, et plus il descendait en lui-même, plus il acquérait la conviction qu'il n'avait pas la moindre vocation pour l'Église. Il n'en fallut pas moins obéir : en Sicile, pays en retard d'un siècle, la volonté paternelle est encore chose sainte. Les deux jeunes gens se jurèrent en pleurant de n'être jamais que l'un à l'autre; mais, tout en se faisant cette promesse, tous deux en connaissaient la valeur. Cette promesse ne les rassura donc que médiocrement sur l'avenir.

En effet, à peine Albano fut-il arrivé à Rome et installé dans son collége, que le comte de Bruca annonça à sa fille qu'il lui fallait renoncer à tout jamais à épouser Albano, destiné par sa famille à embrasser l'état ecclésiastique; mais qu'en échange, et par manière de compensation, elle pouvait se regarder d'avance comme l'épouse de don Ramiro, son frère aîné.

Don Ramiro était un beau jeune homme de vingt-cinq à vingt-huit ans, brave, élégant, adroit à tous les exercices du corps, et à qui eût rendu justice toute femme dont le cœur n'eût point été prévenu en faveur d'un autre. Mais l'amour est aussi aveugle dans son antipathie que dans sa sympathie. Costanza, à toutes ces brillantes qualités, préférait la timide mélancolie d'Albano; et, au lieu de remercier son père du choix qu'il s'était donné la peine de faire pour elle, elle pleura si fort et si long-temps, que, par manière de transaction, il fut convenu qu'elle épouserait don Ramiro, mais aussi l'on arrêta que ce mariage ne se ferait que dans un an.

Quelque temps après cette décision prise, le chevalier Bruni fit la demande de la main de Costanza dans les formes les plus directes et les plus positives ; mais le comte de la Bruca lui répondit qu'il était à son grand regret obligé de refuser l'honneur de son alliance, attendu que sa fille était promise au fils aîné du comte Rizzari, et que l'on attendait seulement, pour que ce mariage s'accomplît, que Costanza eût atteint l'âge de dix-huit ans.

Le chevalier Bruni se retira sans mot dire. Quelques personnes, qui connaissaient son caractère vindicatif et sombre, conseillèrent au comte de la Bruca de se défier de lui. Mais six mois s'écoulèrent sans qu'on en entendît parler. Au bout de ce temps, on apprit qu'il paraissait non-seulement tout consolé du refus qu'il avait essuyé, mais encore qu'il vivait presque publiquement avec une ancienne maîtresse de don Ramiro, que celui-ci avait cessé de voir du moment où son mariage avec Costanza avait été décidé.

Cinq autres mois s'écoulèrent. Le terme demandé par Costanza elle-même approchait; on s'occupa des apprêts du mariage, et don Ramiro partit pour aller acheter à Palerme les cadeaux de noces qu'il comptait offrir à sa fiancée.

Trois jours après, on apprit qu'entre Mineo et Aulone don Ramiro avait été attaqué par une bande de voleurs. Accompagné de deux domestiques dévoués, et plein de courage lui-même, don Ramiro avait voulu se défendre; mais après avoir tué deux bandits une balle qu'il avait reçue au milieu du front l'avait étendu roide mort. Un de ses domestiques avait été blessé; le second, plus heureux, était parvenu à se dérober aux balles et à la poursuite des brigands, et c'était lui-même qui apportait cette nouvelle.

Les deux comtes montèrent eux-mêmes à cheval avec tous leurs campieri, et le lendemain à midi ils étaient à Mineo. Ce fut dans ce village que, près du cadavre de son maître mort, ils trouvèrent le fidèle domestique blessé. Des muletiers, qui passaient par hasard sur la route une heure après le combat, les y avaient ramenés tous deux.

Le comte Rizzari, à qui un seul espoir restait, celui de la vengeance, prit aussitôt près du blessé toutes les informations qui le pouvaient guider dans la poursuite des meurtriers ; malheureusement, ces informations étaient bien vagues. Les voleurs étaient au nombre de sept, et, contre l'habitude des bandits siciliens, portaient, pour plus grande sécurité sans doute, un masque sur leur visage. Parmi les sept bandits, il y en avait un si petit et si mince que le blessé pensait que celui-là était une femme. Quand le jeune comte eut été tué, l'un des bandits s'approcha du cadavre, le regarda attentivement, puis, faisant signe au plus petit et au plus mince de ses camarades de venir le joindre : — Est-ce bien lui ? demanda-t-il. — Oui, répondit laconiquement celui auquel était adressée cette question. Puis tous deux se retirèrent à l'écart, causèrent un instant à voix basse, et sautant sur des chevaux qui les attendaient tout sellés et tout bridés dans l'angle d'une roche, ils disparurent, laissant aux autres bandits le soin de visiter les poches et le portemanteau du jeune comte; ce dont ils s'acquittèrent religieusement.

Quant au blessé, il avait fait le mort; et comme, en sa qualité de domestique, on le supposait naturellement moins chargé d'argent que son maître, les bandits l'avaient visité à peine, satisfaits sans doute de ce qu'ils avaient trouvé sur le comte; puis, après cette courte visite, qui lui avait cependant coûté sa bourse et sa montre, ils étaient partis, emportant dans la montagne les cadavres de leurs deux camarades tués.

Il n'y avait pas moyen de poursuivre les meurtriers; les deux comtes confièrent donc ce soin à la police de Syracuse et de Catane; il en résulta que les meurtriers restèrent inconnus et demeurèrent impunis : quant à don Ramiro, son cadavre fut ramené à Catane, où il reçut une sépulture digne de lui dans les caveaux de ses ancêtres.

Cet événement, si terrible qu'il fût pour les deux familles, avait cependant, comme toutes les choses de ce monde, son bon et son mauvais côté : grâce à la mort de don Ramiro, Albano devenait l'aîné de la famille; il ne pouvait donc plus être question pour lui d'embrasser l'état ecclésiastique; c'était à lui maintenant à soutenir le nom et à perpétuer la race des Rizzari.

Il fut donc rappelé à Catane.

Nous ne scruterons pas le cœur des deux jeunes gens; le cœur le plus pur a son petit coin gangrené par lequel il tient aux misères humaines, et ce fut dans ce petit coin que Costanza et Albano sentirent en se revoyant remuer et revivre l'espoir d'être un jour l'un à l'autre.

En effet, rien ne s'opposait plus à leur union; aussi cette idée vint-elle aux pères comme elle était venue aux enfants : on fixa seulement les noces à la fin du grand deuil, c'est-à-dire à une année.

Vers ce même temps, le chevalier Bruni ayant appris que Costanza était, par la mort de don Ramiro, redevenue libre, renouvela sa demande; malheureusement comme la première fois il arrivait trop tard, d'autres arrangements étaient pris, à la grande satisfaction des deux amants, et le comte de Bruca répondit au chevalier Bruni que le fils cadet du comte Rizzari étant devenu son fils aîné, il lui succédait, non-seulement dans son titre et dans sa fortune, mais encore dans l'union projetée depuis long-temps entre les deux maisons.

Comme la première fois, le chevalier Bruni se retira sans dire une seule parole; si bien que ceux qui connaissaient son caractère ne pouvaient rien comprendre à cette modération.

Les jours et les mois s'écoulèrent bien différents pour les deux jeunes gens des jours et des mois de l'année précédente : le terme fixé pour l'expiration du deuil était le 12 septembre : le 15 les jeunes gens devaient être unis.

Ce jour bienheureux, que dans leur impatience ils ne croyaient jamais atteindre, arriva enfin.

La cérémonie eut lieu au château de la Brucà. Toute la noblesse des environs était conviée à la fête; à onze heures du matin les jeunes gens furent unis à la chapelle. Costanza et Albano n'eussent point échangé leur sort contre l'empire du monde.

Après la messe, chacun se dispersa dans les vastes jardins du château jusqu'à ce que la cloche sonnât l'heure du dîner. Le repas fut homérique, quatre-vingts personnes étaient réunies à la même table.

Les portes de la salle à manger donnaient d'un côté sur le jardin splendidement illuminé, de l'autre dans un vaste salon où tout était préparé pour le bal; de l'autre côté du salon était la chambre nuptiale que devaient occuper les jeunes époux.

Le bal commença avec cette frénésie toute particulière aux Siciliens; chez eux tous les sentiments sont portés à l'excès : ce qui chez les autres peuples n'est qu'un plaisir est chez eux une passion; les deux nouveaux époux donnaient l'exemple, et chacun paraissait heureux de leur bonheur.

A minuit deux masques entrèrent vêtus de costumes de paysans siciliens et portant entre leurs bras un mannequin vêtu d'une longue robe noire et ayant la forme d'un homme. Ce mannequin était masqué comme eux et portait sur la poitrine le mot *tristizia* brodé en argent; dans ce doux patois sicilien, qui renchérit encore en velouté sur la langue italienne, ce mot veut dire *tristesse*.

Les deux masques entrèrent gravement, déposèrent le mannequin sur une ottomane, et se mirent à faire autour de lui des lamentations comme on a l'habitude d'en faire près des morts qu'on va ensevelir. Dès lors l'intention était frappante: après une année de douleur s'ouvrait pour les deux familles un avenir de joie, et les masques faisaient allusion à cette douleur passée et à cet avenir en portant la *tristesse* en terre. Quoique peut-être on eût pu choisir quelque allégorie de meilleur goût que celle-là, les nouveaux venus n'en furent pas moins gracieusement accueillis par le maître de la maison; et toutes danses cessant à l'instant même, on se réunit autour d'eux pour ne rien perdre du spectacle à la fois funèbre et comique dont ils étaient si inopinément venus réjouir la société.

Alors les masques, se voyant l'objet de l'attention générale, commencèrent une pantomime expressive, mêlée à la fois de plaintes et de danses. De temps en temps ils interrompaient leurs pas pour s'approcher du mannequin de la tristesse et pour essayer de le réveiller en le secouant; mais voyant que rien ne pouvait le tirer de sa léthargie, ils reprenaient leur danse, qui de moment en moment prenait un caractère plus sombre et plus funèbre. C'étaient des figures inconnues, des cadences lentes, des tournoiements prolongés, le tout exécuté sur un chant triste et monotone qui commença à faire passer dans le cœur des assistants une terreur secrète qui finit par se répandre dans toute la salle et devenir générale.

Dans un moment de silence, où le chant venait de cesser et où les assistants écoutaient encore, une corde de la harpe se brisa avec ce frémissement sec et clair qui va au cœur. La jeune mariée poussa un faible cri. On sait que cet accident est généralement regardé comme un présage de mort.

Alors, d'une voix presque générale, on cria aux deux danseurs d'ôter leurs masques.

Mais l'un des deux, levant le doigt comme pour imposer silence, répondit en son nom et en celui de son compagnon qu'ils ne voulaient se faire connaître qu'au jeune comte Albano. La demande était juste, car c'est une habitude en Sicile, lorsqu'on arrive masqué dans quelque bal ou dans quelque soirée, de ne se démasquer que pour le maître de la maison. Le jeune comte ouvrit donc la porte de la chambre voisine, pour faire comprendre aux masques que si l'on exigeait qu'ils lui livrassent leur secret, ce secret du moins serait connu de lui seul. Les deux danseurs prirent aussitôt leur mannequin, entrèrent en dansant dans la chambre; le comte Albano les y suivit, et la porte se referma derrière eux.

En ce moment, et comme si la présence seule des étrangers avait empêché la fête de continuer, l'orchestre donna le signal de la contredanse : les quadrilles se reformèrent, et le bal recommença.

Cependant près de vingt minutes se passèrent sans qu'on vit reparaître ni les masques ni le comte. La contredanse finit au milieu d'un malaise général, et comme si chacun eût senti qu'un malheur inconnu planait au-dessus de la fête. Enfin, comme la mariée inquiète allait prier son père d'entrer dans la chambre, la porte se rouvrit et les deux masques reparurent.

Ils avaient changé de costume et avaient passé un habit noir à l'espagnole : sous ce vêtement plus dégagé que l'autre, on put remarquer, à la finesse de la taille de l'un d'eux, que ce devait être une femme. Ils avaient un crêpe au bras, un crêpe à leur toque, et portaient leur mannequin comme lorsqu'ils étaient entrés ; seulement le drap rouge qui l'enveloppait montait plus haut et descendait plus bas que lors de leur première apparition.

Comme la première fois ils posèrent leur mannequin sur une ottomane et se mirent à recommencer leurs danses symboliques, seulement ces danses avaient un caractère plus funèbre encore qu'auparavant. Les deux danseurs s'agenouillaient, poussant de tristes lamentations, levant les bras au ciel, et exprimant par toutes les attitudes possibles la douleur qu'ils avaient commencé par parodier. Bientôt cette pantomime si singulièrement prolongée commença de préoccuper les assistants et surtout la mariée qui, inquiète de ne pas voir revenir son mari, se glissa dans la chambre voisine, où elle croyait le retrouver; mais à peine y était-elle entrée que l'on entendit un cri, et qu'elle reparut sur le seuil, pâle, tremblante et appelant Albano. Le comte de la Bruca accourut aussitôt vers elle pour lui demander la cause de sa terreur; mais, incapable de répondre à cette question, elle chancela, prononça quelques paroles inarticulées, montra la chambre et s'évanouit.

Cet accident attira l'attention de toute l'assemblée sur la jeune femme: chacun se pressa autour d'elle, les uns par curiosité, les autres par intérêt. Enfin elle reprit ses sens et, regardant autour d'elle, elle appela avec un cri de terreur profonde Albano, que personne n'avait revu.

Alors seulement on songea aux masques, et l'on se retourna du côté où on les avait laissés pour leur demander ce qu'ils avaient fait du jeune comte; mais les deux masques, profitant de la confusion générale, avaient disparu.

Le mannequin seul était resté sur l'ottomane, roide, immobile et recouvert de son linceul de pourpre.

Alors on s'approcha de lui, on souleva un pan du linceul, et l'on sentit une main d'homme, mais froide et crispée ; en une seconde on déroula le drap qui l'enveloppait, et l'on vit que c'était un cadavre. On arracha le masque, et l'on reconnut le jeune comte Albano.

Il avait été étranglé dans la chambre voisine, si inopinément et si rapidement sans doute, qu'on n'avait pas entendu un seul cri ; seulement les assassins, avec un sang-froid qui faisait honneur à leur impassibilité, avaient déposé une couronne de cyprès sur le lit nuptial.

C'était cette couronne plus encore que l'absence de son fiancé qui avait si fort épouvanté Costanza.

Tout ce qu'il y avait d'hommes dans la salle, parents, amis, domestiques, se précipitèrent à la poursuite des assassins ; mais toutes les recherches furent inutiles ; le château de la Bruca était isolé, situé au pied des montagnes, et il n'avait pas fallu plus de deux minutes aux deux terribles masques pour gagner ces montagnes et s'y cacher à tous les yeux.

Costanza, à la vue du cadavre de son bien-aimé Albano, tomba dans d'affreuses convulsions qui durèrent toute la nuit. Le lendemain elle était folle.

Cette folie, d'abord ardente, avait pris peu à peu un caractère de mélancolie profonde; mais, comme je l'ai dit, le baron Pisani n'espérait pas que la guérison pût aller plus loin.

En 1840 je revis Lucca à Paris, il était parfaitement guéri et avait conservé un souvenir très-présent et très-distinct de la visite que je lui avais faite. Ma première question fut pour sa compagne, la pauvre Costanza; mais il secoua tristement la tête. La double prédiction du baron s'était vérifiée pour elle et pour lui. Lucca avait recouvré sa raison, mais Costanza était toujours folle.

CHAPITRE II.

MOEURS ET ANECDOTES SICILIENNES.

Le Sicilien est, comme tout peuple successivement conquis par d'autres peuples, on ne peut plus désireux de la liberté ; seulement, là comme partout ailleurs, il y a deux genres de liberté : la liberté de l'intelligence, la liberté de la matière. Les classes supérieures sont pour la liberté sociale, les classes inférieures sont pour la liberté individuelle. Donnez au paysan sicilien la liberté de parcourir la Sicile en tous sens, un couteau à sa ceinture et un fusil sur son épaule, et le paysan sicilien sera content : il veut être indépendant, ne comprenant pas encore ce que c'est que d'être libre.

Donnons une idée de la façon dont le gouvernement napolitain répond à ce double désir.

Il y a à Palerme une grande place qu'on appelle la place du Marché-Neuf. C'était autrefois un pâté de maisons, sillonné de rues étroites et sombres, et habité par une population particulière, à peu près comme sont les Catalans à Marseille, et qu'on appelait les *Conciapelle*. De temps immémorial ils ne payaient aucune contribution; et quoiqu'on n'ait aucun document bien positif sur cette franchise, il y a tout lieu de croire qu'elle remonte à l'époque des Vêpres siciliennes, et qu'elle aura été accordée en récompense de la conduite que les *Conciapelle* avaient tenue dans cette grande circonstance. Au reste, toujours armés: l'enfant, presque au sortir du berceau, recevait un fusil qu'il ne déposait qu'au moment d'entrer dans la tombe.

En 1821 les Conciapelle se levèrent en masse contre les Napolitains et firent des merveilles; mais lorsque les Autrichiens eurent replacé Ferdinand sur le trône, le général Nunziante fut envoyé pour punir les Siciliens de ces nouvelles Vêpres. Les Conciapelle lui furent signalés les plus incorrigibles de la ville de Palerme, et il fut décidé que le fouet de la vengeance royale tomberait sur eux.

En conséquence, pendant une belle nuit, et tandis que les Conciapelle, se reposant sur leurs vieilles franchises, dormaient à côté de leurs fusils, le général Nunziante fit braquer des pièces de canon à l'entrée de chaque rue et cerner tout le pâté par un cordon de soldats : en se réveillant les pauvres diables se trouvèrent prisonniers.

Si braves que fussent les Conciapelle, il n'y avait pas moyen de se défendre; aussi force leur fut-il de se rendre à discrétion. Le premier soin du général Nunziante fut de leur enlever leurs armes : on chargea trente charrettes de fusils, et on les exila hors des murs de Palerme, avec la permission d'y rentrer seulement dans la journée pour leurs affaires, mais avec défense d'y passer la nuit.

Puis, à peine furent-ils hors des portes, que, sous prétexte d'arriéré de contributions, leurs maisons furent confisquées et mises à bas.

Le lieu qu'elles occupaient forme aujourd'hui, comme nous l'avons dit, la place du Marché-Neuf de Palerme. Souvent je l'ai traversée, et presque toujours j'ai trouvé l'escalier qui conduit dans la Strada Nova couvert de ces malheureux qui, assis sur les degrés, restent des heures entières à regarder, immobiles et sombres, ce terrain vide où étaient autrefois leurs maisons.

Les fêtes de sainte Rosalie excitent un grand enthousiasme en Sicile, où l'on n'est pas très-scrupuleux sur Dieu le Père, sur le Christ ou sur la vierge Marie, et où cependant le culte des saints est dégénéré en une véritable adoration : aussi leurs fêtes ressemblent-elles à une suite des saturnales païennes. Chaque ville a son saint de prédilection, pour lequel elle exige que tout étranger ait la même vénération qu'elle ; or, comme les honneurs rendus à ce patron sont quelquefois d'une nature fort étrange, il est en général assez dangereux pour tout homme qui n'entend pas ce patois guttural, criblé de z et de g, que parle le peuple en Sicile, de se hasarder au milieu de la foule les jours où les saints prennent l'air. Il n'y avait pas long-temps, quand j'arrivai à Syracuse, qu'un Anglais avait été victime d'une erreur commise par lui à l'endroit d'un de ces bienheureux.

L'Anglais était un officier de marine descendu à terre pour chasser dans les environs de la ville d'Auguste. Après cinq ou six heures employées fructueusement à cet exercice, il rentrait, son fusil sous le bras, sa carnassière sur le dos; tout à coup, au détour d'une rue, il voit venir à lui, avec de grands cris, une foule frénétique traînant sur un tréteau mobile, attelé de chevaux empanachés, et entouré d'un nuage d'encens, le colosse doré de saint Sébastien. L'officier, à l'aspect de cette bruyante procession, se rangea contre la muraille, et, curieux de voir une chose si nouvelle pour lui, s'arrêta pour laisser passer le saint; mais, comme il était en uniforme et portait un fusil, son immobilité sembla irrespectueuse à la foule, qui lui cria de présenter les armes. L'Anglais n'entendait pas un mot de sicilien, de sorte qu'il ne bougea non plus qu'un Terme, malgré l'injonction reçue. Alors le peuple se mit à le menacer, hurlant l'ordre, inintelligible pour lui, de rendre les honneurs militaires au bienheureux martyr. L'Anglais commença à s'inquiéter de toute cette rumeur et voulut se retirer ; mais il lui fut impossible de franchir la barrière menaçante qui s'était formée tout autour de lui, et qui, avec des cris toujours croissants et des gestes de plus en plus animés, lui montrait, les uns leur fusil, les autres le saint. Bientôt cependant l'Anglais, qui ne comprend pas que c'est à lui que s'adresse toute cette colère, puisqu'il n'a rien fait pour l'exciter, croit que c'est le saint qui en est l'objet : il a lu dans la relation de mistress Clarke que les Italiens ont l'habitude d'injurier et de battre les saints dont ils sont mécontents. Ce souvenir est un trait de lumière pour lui : saint Sébastien aura commis quelque méfait dont on veut le punir ; comme les démonstrations relatives à son fusil continuent, il croit que pour contenter cette foule il n'a qu'à ajouter une balle aux flèches dont le saint est tout couvert ; en conséquence il ajuste le colosse et lui fait sauter la tête.

La tête du saint n'était pas retombée à

terre que l'Anglais avait déjà reçu vingt-cinq coups de couteau.

Maintenant, il ne faut pas croire que les aventures finissent toujours d'une façon aussi tragique en Sicile, et que si les étrangers y courent quelques périls, ces périls n'aient pas leur compensation..

Un de mes amis visitait la Sicile en 1829, avec deux autres compagnons de route, Français comme lui et aventureux comme lui. Arrivés à Catane à la fin de janvier, nos voyageurs apprennent que, le 5 février, il y aura foire brillante et procession solennelle, à propos de la fête de sainte Agathe, patronne de la ville. Aussitôt le triumvirat s'assemble et décide que l'occasion est trop solennelle pour la manquer, et que l'on restera.

La semaine qui séparait le jour de la détermination prise du jour de la fête s'écoula à essayer de monter sur l'Etna, chose impossible à cette époque, et à visiter les curiosités de Catane, qu'on visite en un jour. On comprend donc, qu'ayant du temps de reste, les trois compagnons ne manquaient pas une promenade, pas un corso. Toute la ville les connaissait.

La fête arriva. J'ai déjà fait assister mes lecteurs à trop de processions pour que je leur décrive celle-ci : cris, guirlandes, feux d'artifice, girandoles, chants, danses, illuminations, rien n'y manquait.

Après la procession commença la foire. Cette foire, à laquelle assiste non-seulement la ville tout entière, mais encore toute la population des villages environnants, est le prétexte d'une singulière coutume.

Les femmes s'enveloppent d'une grande mante noire, s'encapuchonnent la tête; et alors, aussi méconnaissables que si elles portaient un domino et qu'elles eussent un masque sur la figure, ces *tuppanelles*, c'est le nom qu'on leur donne, arrêtent leurs connaissances en quêtant pour les pauvres; cette quête s'appelle l'*aumône de la foire*. Ordinairement nul ne la refuse; c'est un commencement de carnaval.

La procession était donc finie et la foire commencée, lorsque mon ami, que j'appellerai Horace, si l'on veut bien, n'ayant pas le loisir de lui faire demander la permission de mettre ici son nom véritable, attendu que je le crois en Syrie maintenant; lorsque mon ami, dis-je, qui, dans son ignorance de cette coutume, était sorti avec quelques piastres seulement, avait déjà vidé ses poches, fut accosté par deux tuppanelles, qu'à leur voix, à leur tournure et à la coquetterie de leurs manteaux garnis de dentelles, il crut reconnaître pour jeunes. Les jeunes quêteuses, comme on sait, ont toujours une influence favorable sur la quête. Horace, plus qu'aucun autre, était accessible à cette influence : aussi visita-t-il scrupuleusement les deux poches de son gilet et les deux goussets de son pantalon, pour voir si quelque ducat n'avait pas échappé au pillage. Investigation inutile; Horace fut forcé de s'avouer à lui-même qu'il ne possédait pas pour le moment un seul bajoco.

Il fallut faire cet aveu aux deux tuppanelles, si humiliant qu'il fût; mais, malgré sa véracité, il fut reçu avec une incrédulité profonde. Horace eut beau protester, jurer, offrir de rejoindre ses amis pour leur demander de l'argent, ou de retourner à l'hôtel pour fouiller à son coffre-fort, toutes ces propositions furent repoussées; il avait affaire à des créancières inexorables, qui répondaient à toutes les excuses : — Pas de répit — pas de pitié — de l'argent à l'instant même, ou bien prisonnier.

L'idée de devenir prisonnier de deux jeunes et probablement de deux jolies femmes, n'était pas une perspective si effrayante, qu'Horace repoussât ce mezzo termine, proposé par l'une d'elles, comme moyen d'accommoder la chose. Il se reconnut donc prisonnier, secouru ou non secouru; et, conduit par les deux tuppanelles, il fendit la foule, traversa la foire, et se trouva enfin au coin d'une petite rue qu'il était impossible de reconnaître dans l'obscurité, en face d'une voiture élégante, mais sans armoiries, où on le fit monter. Une fois dans la voiture, une de ses conductrices détacha un mouchoir de soie de son cou et lui banda les yeux. Puis toutes deux se placèrent à ses côtés; chacune lui prit une main, pour qu'il n'essayât pas sans doute de déranger son bandeau, et la voiture partit.

Autant qu'on peut mesurer le temps en

situation pareille, Horace calcula qu'elle avait roulé une demi-heure à peu près ; mais, comme on le comprend, cela ne signifiait rien, ses gardiennes ayant pu donner l'ordre à leur cocher de faire des détours pour dérouter le captif. Enfin la voiture s'arrêta. Horace crut que le moment était venu de voir où il se trouvait ; il fit un mouvement pour porter la main droite à son bandeau ; mais sa voisine l'arrêta en lui disant : — Pas encore! — Horace obéit.

Alors on l'aida à descendre ; on lui fit monter trois marches, puis il entra, et une porte se ferma derrière lui. Il fit encore vingt pas à peu près, puis rencontra un escalier. Horace compta vingt-cinq degrés ; au vingt-cinquième, une seconde porte s'ouvrit, et il lui sembla entrer dans un corridor. Il suivit ce corridor pendant douze pas ; et ayant franchi une troisième porte, il se trouva les pieds sur un tapis. Là, ses conductrices, qui ne l'avaient pas quitté, s'arrêtèrent.

— Donnez-nous votre parole d'honneur, lui dit l'une d'elles, que vous n'ôterez votre bandeau que lorsque neuf heures sonneront à la pendule. Il est neuf heures moins deux minutes : ainsi vous n'avez pas long-temps à attendre.

Horace donna sa parole d'honneur; aussitôt ses deux conductrices le lâchèrent. Bientôt il entendit le cri d'une porte qu'on referma. Un instant après, neuf heures sonnèrent. Au premier coup du timbre, Horace arracha son bandeau.

Il était dans un petit boudoir rond, dans le style de Louis XV, style qui est encore généralement celui de l'intérieur des palais siciliens. Ce boudoir était tendu d'une étoffe de satin rose avec des branches courantes, d'où pendaient des fleurs et des fruits de couleur naturelle; le meuble, recouvert d'une étoffe semblable à celle qui tapissait les murailles, se composait d'un canapé, d'une de ces causeuses adossées comme on en refait de nos jours, de trois ou quatre chaises et fauteuils, et enfin d'un piano et d'une table chargée de romans français et anglais et sur laquelle se trouvait tout ce qu'il faut pour écrire.

Le jour venait par le plafond, et le châssis

à travers lequel il passait se levait extérieurement.

Horace achevait son inventaire, lorsqu'un domestique entra, tenant une lettre à la main : ce domestique était masqué.

Horace prit la lettre, l'ouvrit vivement et lut ce qui suit :

« Vous êtes notre prisonnier, selon toutes les lois divines et humaines, et surtout selon la loi du plus fort.

» Nous pouvons à notre gré vous rendre votre prison dure ou agréable, nous pouvons vous faire porter dans un cachot ou vous laisser dans le boudoir où vous êtes.

» Choisissez. »

— Pardieu! s'écria Horace, mon choix est fait; allez dire à ces dames que je choisis le boudoir, et que, comme je présume que c'est à une condition quelconque qu'elles me laissent le choix, dites-leur que je les prie de me faire connaître cette condition.

Le domestique se retira sans prononcer une seule parole et, un instant après, rentra, une seconde lettre à la main : Horace la prit non moins avidement que la première et lut ce qui suit.

« Voici à quelles conditions on vous rendra votre prison agréable :

» Vous donnerez votre parole de n'essayer, d'ici à quinze jours, aucune tentative d'évasion;

» Vous donnerez votre parole de ne point essayer de voir, tant que vous serez ici, le visage des personnes qui vous retiennent prisonnier;

» Vous donnerez votre parole qu'une fois couché, vous éteindrez toutes les bougies et ne garderez aucune lumière cachée;

» Moyennant quoi, ces quinze jours écoulés, vous serez libre sans rançon.

» Si ces conditions vous conviennent, écrivez au-dessous :

« Acceptées sur parole d'honneur. » Et comme on sait que vous êtes Français, on se fiera à cette parole. »

Attendu que, au bout du compte, les conditions imposées n'étaient pas trop dures et qu'elles semblaient promettre certaines compensations à sa captivité, Horace prit la plume et écrivit :

« J'accepte sur parole d'honneur, en me recommandant à la générosité de mes belles geôlières.

» HORACE. »

Puis il rendit le traité au domestique, qui disparut aussitôt.

Un instant après, il sembla au prisonnier entendre remuer de l'argenterie et des verres : il s'approcha d'une des deux portes qui donnaient dans son boudoir, et acquit en y collant son oreille la certitude que l'on dressait une table. La singularité de sa situation l'avait empêché jusque-là de se souvenir qu'il avait faim, et il sut gré à ses hôtesses d'y avoir songé pour lui.

D'ailleurs il ne doutait pas que les deux tuppanelles ne lui tinssent compagnie pendant le repas. Alors elles seraient bien fines, si à lui, habitué des bals de l'Opéra, elles ne laissaient pas apercevoir une main, un coin d'épaule, un bout de menton, à l'aide desquels il pourrait, comme Cuvier, reconstruire toute la personne. Malheureusement cette première espérance fut déçue : lorsque le domestique ouvrit la porte de communication entre le boudoir et la salle à manger, le prisonnier vit, quoique le souper parût, par la quantité de plats, destiné à trois ou quatre personnes, qu'il n'y avait qu'un seul couvert.

Il ne se mit pas moins à table, fort disposé à faire honneur au repas. Il fut secondé dans cette louable intention par le domestique masqué qui, avec l'habitude d'un serviteur de bonne maison, ne lui laissait pas même le temps de désirer. Il en résulta qu'Horace soupa très-bien et, grâce au vin de Syracuse et au malvoisie de Lipari, se trouva au dessert dans une des situations d'esprit les plus riantes où puisse se trouver un prisonnier.

Le repas fini, Horace rentra dans son boudoir. La seconde porte en était ouverte ; elle donnait dans une charmante petite chambre à coucher, aux murailles toutes couvertes de fresques. Cette chambre communiquait elle-même avec un cabinet de toilette. Là finissait l'appartement, le cabinet de toilette n'ayant point de sortie visible. Le prisonnier avait donc à sa disposition quatre pièces : le cabinet susdit, la chambre à coucher, le boudoir, qui faisait salon, et la salle à manger. C'est autant qu'il en fallait pour un garçon.

La pendule sonna minuit : c'était l'heure de se coucher. Aussi, après avoir fait une scrupuleuse visite de son appartement et s'être assuré que la porte de la salle à manger s'était refermée derrière lui, le prisonnier rentra-t-il dans sa chambre à coucher, se mit au lit, et, selon l'injonction qui lui en avait été faite, souffla scrupuleusement ses deux bougies.

Quoique le prisonnier reconnût la supériorité du lit dans lequel il était étendu sur tous les autres lits qu'il avait rencontrés depuis qu'il était en Sicile, il n'en resta pas moins parfaitement éveillé, soit que la singularité de sa position chassât le sommeil, soit qu'il s'attendît à quelque surprise nouvelle. En effet, au bout d'une demi-heure ou trois quarts d'heure à peu près, il lui sembla entendre le cri d'un panneau de boiserie qui glisse, puis un léger froissement comme serait celui d'une robe de soie, enfin de petits pas firent crier le parquet et s'approchèrent de son lit; mais à quelque distance les petits pas s'arrêtèrent, et tout rentra dans le silence.

Horace avait beaucoup entendu parler de revenants, de spectres et de fantômes, et avait toujours désiré en voir. C'était l'heure des évocations, il eut donc l'espoir que son désir était enfin exaucé. En conséquence il étendit les bras vers l'endroit où il avait entendu du bruit, et sa main rencontra une main. Mais cette fois encore l'espérance de se trouver en contact avec un habitant de l'autre monde était déçue. Cette main petite, effilée et tremblante appartenait à un corps, et non à une ombre.

Heureusement le prisonnier était un de ces optimistes à caractère heureux, qui ne demandent jamais à la Providence plus qu'elle n'est en disposition de leur accorder. Il en résulta que le visiteur nocturne, quel qu'il fût, n'eut pas lieu de se plaindre de la réception qui lui fut faite.

En se réveillant Horace chercha autour de lui, mais il ne vit plus personne. Toute trace de visite avait disparu. Il lui sembla seulement qu'il s'était entendu dire, comme dans un rêve : — A demain.

Horace sauta en bas de son lit et courut à la fenêtre, qu'il ouvrit; elle donnait sur une cour fermée de hautes murailles par-dessus lesquelles il était impossible de voir : le prisonnier resta donc dans le doute s'il était à la ville ou à la campagne.

A onze heures la salle à manger s'ouvrit, et Horace retrouva son domestique masqué et son déjeuner tout servi. Tout en déjeunant, il voulut interroger le domestique; mais, en quelque langue que les questions fussent faites, anglais, français ou italien, le fidèle serviteur répondit son éternel *Non capisco*.

Les fenêtres de la salle à manger donnaient sur la même cour que celles de la chambre à coucher. Les murailles étaient partout de la même hauteur; il n'y avait donc rien de nouveau à apprendre de ce côté-là.

Pendant le déjeuner la chambre à coucher s'était trouvée refaite comme par une fée.

La journée se partagea entre la lecture et la musique. Horace joua sur le piano tout ce qu'il savait de mémoire, et déchiffra tout ce qu'il trouva de romances, sonates, partitions, etc. A cinq heures le dîner fut servi.

Même bonne chère, même silence. Horace aurait préféré trouver un dîner un peu moins bon, mais avoir avec qui causer.

Il se coucha à huit heures, espérant avancer l'apparition sur laquelle il comptait pour se dédommager de sa solitude de la journée. Comme la veille les bougies furent scrupuleusement éteintes, et comme la veille effectivement il entendit, au bout d'une demi-heure, le petit cri de la boiserie, le froissement de la robe, le bruit des pas sur le parquet ; comme la veille il étendit le bras, et rencontra une main : seulement il lui sembla que ce n'était pas la même main que la veille ; l'autre main était petite et effilée, celle-ci était potelée et grasse. Horace était homme à apprécier cette attention de ses hôtesses, qui avaient voulu que les nuits se suivissent et ne se ressemblassent point.

Le lendemain il retrouva la petite main, le surlendemain la main potelée, et ainsi de suite pendant quatorze jours ou plutôt quatorze nuits.

La quinzième, il rencontra les deux mains au lieu d'une. Vers les trois heures du matin, ces deux mains lui passèrent chacune une bague à un doigt; puis, après lui avoir fait donner de nouveau sa parole d'honneur de ne point chercher à lever le mouchoir qu'elles allaient lui mettre devant les yeux, ses deux hôtesses l'invitèrent à se préparer au départ.

Horace donna sa parole d'honneur. Dix minutes après, il avait les yeux bandés; un quart d'heure après, il était en voiture entre ses deux geôlières; une heure après, la voiture s'arrêtait, et un double serrement de main lui adressait un dernier adieu.

La portière s'ouvrit. A peine à terre, Horace arracha le bandeau qui lui couvrait les yeux; mais il ne vit rien autre chose que le même cocher, la même voiture et les deux tuppanelles : encore à peine eut-il le temps de les voir, car au moment où il enlevait le mouchoir la voiture repartait au galop. Il était déposé, au reste, au même endroit où il avait été pris.

Horace profita des premiers rayons du jour qui commençaient à paraître pour s'orienter. Bientôt il se retrouva sur la place de la foire et reconnut la rue qui conduisait à son hôtel : en l'apercevant le garçon fit un grand cri de joie.

On l'avait cru assassiné. Ses deux compagnons l'avaient attendu huit jours ; mais voyant qu'il ne reparaissait pas et qu'on n'en entendait pas parler, ils avaient fini par perdre tout espoir : alors ils avaient fait leur déclaration au juge, avaient mis les effets de leur camarade sous la garde du maître de l'hôtel et avaient, pour le cas peu probable où Horace reparaîtrait, laissé une lettre dans laquelle ils lui indiquaient l'itinéraire qu'ils comptaient parcourir.

Horace se mit à leur poursuite, mais il ne les rattrapa qu'à Naples.

Comme il en avait donné sa parole, il ne fit aucune recherche pour savoir à qui appartenaient la main effilée et la main grasse.

Quant aux deux bagues, elles étaient si exactement pareilles qu'on ne pouvait pas les reconnaître l'une de l'autre.

Quelques années avant notre voyage, un événement était arrivé qui avait amené un grand scandale : cet événement n'était rien moins qu'une guerre entre deux couvents du même ordre. Cependant l'un était un couvent de capucins, l'autre un couvent du tiers-ordre. La scène s'était passée à Saint-Philippe d'Argiro.

Les deux bâtiments se touchaient : le mur des deux jardins était mitoyen et, sans doute à cause de cette proximité, les voisins s'exécraient.

Les capucins avaient un très-beau chien de garde, nommé Dragon, qu'ils lâchaient la nuit dans leur jardin, de peur qu'on n'en vînt voler les fruits. Je ne sais comment la chose arriva, mais un jour il passa d'un jardin dans l'autre. Quand les moines haïssent, leur haine est bon teint : ne pouvant se venger sur leurs voisins, ils se vengèrent sur le pauvre Dragon ; lequel fut assommé à coups de bâton et rejeté par-dessus la muraille.

A la vue du cadavre, grande désolation dans la communauté, qui jura de se venger le soir même.

En effet, toute la journée se passa chez les capucins à faire provision d'armes et de munitions; on réunit tout ce que l'on put trouver de sabres, de fusils, de poudre et de balles, et l'on s'apprêta à prendre d'assaut, le soir même, le couvent des frères du tiers-ordre.

De leur côté, les frères du tiers-ordre furent prévenus et se mirent sur la défensive.

A six heures, les capucins, conduits par leur gardien, escaladèrent le mur et descendirent dans le jardin des frères du tiers-ordre : ceux-ci les attendaient avec leur gardien à leur tête.

Le combat commença et dura plus de deux heures; enfin le couvent du tiers-ordre fut emporté d'assaut après une résistance héroïque, et les moines vaincus se dispersèrent dans la campagne.

Deux capucins furent tués sur la place : c'étaient le père Benedetto di Pietra-Perzia et il padre Luigi di S. Filippo. Le premier avait reçu deux balles dans le bas-ventre, et le second cinq balles, dont deux lui traversaient la poitrine de part en part. Du côté des frères du tiers-ordre, il y eut deux frères-lais si grièvement blessés, que l'un mourut de ses blessures et que l'autre en revint à grand'-peine. Quant aux blessures légères, on ne les compta même pas; il y eut peu de combattants des deux partis qui n'en eussent reçu quelqu'une.

Comme on le comprend bien, on étouffa l'affaire; portée devant les tribunaux, elle eût été trop scandaleuse.

Remontons un peu plus haut :

Il y avait à Messine, vers la fin du dernier siècle, un juge nommé Cambo; c'était un travailleur éternel, un homme probe et consciencieux, un magistrat estimé enfin de tous ceux qui le connaissaient, et auquel on ne pouvait faire d'autre reproche que de prendre la législation qui régissait alors la Sicile par trop au pied de la lettre.

Or, un matin que Cambo s'était levé avant le jour pour étudier, il entend crier à l'aide dans la rue, court à son balcon, et ouvre sa fenêtre juste au moment où un homme en frappait un autre d'un coup de poignard. L'homme frappé tomba mort et le meurtrier, qui était inconnu à Cambo, mais dont il eut tout le temps de voir le visage, s'enfuit, laissant le poignard dans la plaie; à cinquante pas plus loin, embarrassé du fourreau, il le jeta à son tour; puis, se lançant dans une rue transversale, il disparut.

Cinq minutes après, un garçon boulanger sort d'une maison; heurte du pied le fourreau du poignard, le ramasse, l'examine, le met dans sa poche et continue son chemin; arrivé devant la maison de Cambo, qui était toujours resté caché derrière la jalousie de son balcon, il se trouve en face de l'assassiné. Son premier mouvement est de voir s'il ne peut pas lui porter secours : il soulève le corps et s'aperçoit que ce n'est plus qu'un cadavre; en ce moment le pas d'une patrouille se fait entendre, le garçon boulanger pense qu'il va se trouver mêlé comme témoin dans une affaire de meurtre, et se jette dans une allée entr'ouverte. Mais le mouvement n'a point été si rapide qu'il n'ait été vu : la patrouille accourt, voit le cadavre, cerne la maison où elle croit avoir vu entrer l'assassin. Le boulanger est arrêté, l'on trouve sur lui le fourreau qu'il a trouvé ; on le compare avec le poignard resté dans la poitrine du mort, gaîne et lame s'ajustent parfaitement. Plus de doute qu'on ne tienne le coupable.

Le juge a tout vu : l'assassinat, la fuite du meurtrier, l'arrestation de l'innocent ; et cependant il se tait, n'appelle personne, et laisse conduire, sans s'y opposer, le boulanger en prison.

A sept heures du matin il est officiellement prévenu par le capitaine de justice de ce qui s'est passé ; il écoute les témoins, dresse le procès-verbal, se rend à la prison, interroge le prisonnier et inscrit ses demandes et ses réponses avec la plus scrupuleuse exactitude : il va sans dire que le malheureux boulanger se renferme dans la dénégation la plus absolue.

Le procès commence : Cambo préside le tribunal ; les témoins sont entendus et continuent de charger l'accusé ; mais la principale charge contre lui, c'est le fourreau trouvé sur lui et qui s'adapte si parfaitement au poignard trouvé dans la blessure ; Cambo presse l'accusé de toutes les façons, l'enveloppe de ces mille questions dans lesquelles le juge enlace le coupable. Le boulanger nie toujours, à défaut de témoins atteste le ciel, jure ses grands dieux qu'il n'est pas coupable, et cependant, grâce à l'éloquence de l'avocat du ministère public, voit s'amasser contre lui une quantité de semi-preuves suffisantes pour qu'on demande l'application de la torture. La demande en est faite à Cambo, qui écrit au-dessous de la demande le mot *accordé*.

Au troisième tour d'estrapade la douleur est si forte que le malheureux boulanger ne peut plus la supporter, et déclare que c'est lui qui est l'assassin. Cambo prononce la peine de mort.

Le condamné se pourvoit en grâce : le pourvoi est rejeté.

Trois jours après le rejet du pourvoi le condamné est pendu !

Six mois s'écoulent : le véritable assassin est arrêté au moment où il commet un autre meurtre. Condamné à son tour, il avoue alors qu'un innocent a été tué à sa place, et que c'est lui qui a commis le premier assassinat pour lequel a été pendu le malheureux boulanger.

— Seulement, ce qui l'étonne, ajoute-t-il, c'est que la sentence ait été prononcée par le juge Cambo, qui a dû tout voir, attendu qu'il l'a parfaitement distingué à travers sa jalousie.

On s'informe auprès du juge si le condamné ne cherche pas à en imposer à la justice; Cambon répond que ce qu'il dit est l'exacte vérité, et qu'il a été effectivement depuis le commencement jusqu'à la fin spectateur du drame sanglant qui s'est passé sous sa fenêtre.

Le roi Ferdinand apprend cette étrange circonstance : il était alors à Palerme. Il fait venir Cambo devant lui.

— Pourquoi, lui dit-il, au fait comme tu l'étais des moindres circonstances de l'assassinat, as-tu laissé condamner un innocent, et n'as-tu pas dénoncé le vrai coupable ?

— Sire, répondit Cambo, parce que la législation est positive : elle dit que le juge ne peut être ni témoin ni accusateur ; j'aurais donc été contre la loi si j'avais accusé le coupable ou témoigné en faveur de l'innocent.

— Mais, dit Ferdinand, tu aurais bien pu au moins ne pas le condamner.

— Impossible de faire autrement, sire : les preuves étaient suffisantes pour qu'on lui donnât la torture, et pendant la torture il a avoué qu'il était coupable.

— C'est juste, dit Ferdinand, ce n'est pas ta faute, c'est celle de la torture.

La torture fut abolie et le juge maintenu.

C'était un drôle de corps que ce roi Ferdinand ; nous le retrouverons à Naples, et nous en causerons.

Une des choses qui m'étonnèrent le plus en arrivant en Sicile c'est la différence du caractère napolitain et du caractère sicilien : une traversée d'un jour sépare les deux capitales, un détroit de quatre milles sépare les deux royaumes, et on les croirait à mille lieues l'un de l'autre. A Naples vous rencontrez les cris, la gesticulation, le bruit éternel et sans cause ; à Messine ou à Palerme vous retrouvez le silence, la sobriété de gestes, et presque de la taciturnité. Interrogez le Palermitain, un signe, un mot, ou par extraordinaire une phrase vous répond ; interrogez l'homme de

Naples, non-seulement il vous répondra longuement, prolixement, mais encore bientôt c'est lui qui vous interrogera à son tour, et vous ne pourrez plus vous en débarrasser. Le Palermitain crie et gesticule aussi, mais c'est dans un moment de colère et de passion; le Napolitain, c'est toujours. L'état normal de l'un c'est le bruit, l'état habituel de l'autre c'est le silence.

Les deux caractères distinctifs du Sicilien c'est la bravoure et le désintéressement. Le prince de Butera, qu'on peut citer comme le type du grand seigneur palermitain, donna deux exemples de ces deux vertus dans la même journée.

Il y avait émeute à Palerme : cette émeute était amenée par une crise d'argent. Le peuple mourait littéralement de faim; or il s'était fait ce raisonnement que mieux valait mourir d'une balle ou d'un boulet de canon, l'agonie, de cette façon, étant moins longue et moins douloureuse.

De leur côté, le roi et la reine, qui n'avaient pas trop d'argent pour eux, ne pouvaient pas acheter du blé et ne voulaient pas diminuer les impôts ; ils avaient donc fait braquer un canon dans chaque rue et s'apprêtaient à répondre au peuple avec cette *ultima ratio regum*.

Un de ces canons défendait l'extrémité de la rue de Tolède, à l'endroit où elle débouche sur la place du Palais-Royal : le peuple marchait sur le palais, et par conséquent marchait sur le canon ; l'artilleur, la mèche allumée, se tenait prêt, le peuple avançait toujours, l'artilleur approche la mèche de la lumière, en ce moment le prince Hercule de Butera sort d'une rue transversale et sans rien dire, sans faire un signe, vient s'asseoir sur la bouche du canon.

Comme c'était l'homme le plus populaire de la Sicile, le peuple le reconnaît et pousse des cris de joie.

Le prince fait signe qu'il veut parler ; l'artilleur, stupéfait, après avoir approché trois fois la mèche de la lumière, sans que le prince ait même daigné s'en inquiéter, l'abaisse vers la terre. Le peuple se tait comme par enchantement ; il écoute.

Le prince lui fait un long discours, dans

lequel il explique au peuple comment la cour, chassée de Naples, rongée par les Anglais et réduite à son revenu de Sicile, meurt de faim elle-même; il raconte que le roi Ferdinand va à la chasse pour manger, et qu'il a assisté quelques jours auparavant à un dîner chez le roi, lequel dîner n'était composé que du gibier qu'il avait tué.

Le peuple écoute, reconnaît la justesse des raisonnements du prince de Butera, désarme ses fusils, les jette sur son épaule et se disperse.

Ferdinand et Caroline ont tout vu de leurs fenêtres; ils font venir le prince de Butera, lequel, à son tour, leur fait un discours très-sensé sur le désordre du trésor. Alors les deux souverains offrent d'une seule voix, au prince de Butera, la place de ministre des finances.

— Sire, répondit le prince de Butera, je n'ai jamais administré que ma fortune, et je l'ai mangée.

A ces mots, il tire sa révérence aux deux souverains qu'il vient de sauver, et se retire dans son palais de la marine, bien plus roi que le roi Ferdinand.

Ce fut en 1818, trois ans après la Restauration de Naples, que l'abolition des majorats et des substitutions fut introduite en Sicile; cette introduction ruina à l'instant même tous les grands seigneurs sans enrichir leurs fermiers; les créanciers seuls y trouvèrent leur compte.

Malheureusement ces créanciers étaient presque tous des juifs et des usuriers prêtant à cent et à cent cinquante pour cent à des hommes qui se seraient regardés comme déshonorés de se mêler de leurs affaires; quelques-uns n'avaient jamais mis le pied dans leurs domaines et demeuraient sans cesse à Naples ou à Palerme. On demandait au prince de P... où était située la terre dont il portait le nom.—Mais je ne sais pas trop, répondit-il; je crois que c'est entre Girgenti et Syracuse. — C'était entre Messine et Catane.

Avant l'introduction de la loi française, lorsqu'un baron sicilien mourait, son successeur, qui n'était point forcé d'accepter l'héritage sous bénéfice d'inventaire, commençait par s'emparer de tout; puis il envoyait promener les créanciers. Les créanciers proposaient alors de se contenter des intérêts ; la demande paraissait raisonnable, et on y accédait ; souvent, lorsque cette proposition était faite, les créanciers, grâce au taux énorme auquel l'argent avait été prêté, étaient déjà rentrés dans leur capital ; tout ce qu'ils touchaient était donc un bénéfice clair et net, dont ils se contentaient comme d'un excellent pis-aller.

Mais du moment où l'abolition des majorats et des substitutions fut introduite, les choses changèrent : les créanciers mirent la main sur les terres ; les frères cadets, à leur tour, devinrent créanciers de leurs aînés ; il fallut vendre pour opérer les partages, et du jour au lendemain il se trouva ensuite plus de vendeurs que d'acheteurs ; il en résulta que le taux des terres tomba de quatre-vingts pour cent ; de plus, ces terres en souffrance, et sur lesquelles pesaient des procès, cessèrent d'être cultivées, et la Sicile, qui du superflu de ses douze millions d'habitants nourrissait autrefois l'Italie, ne récolta plus même assez de blé pour faire subsister les onze cent mille enfants qui lui restent.

Il va sans dire que les impôts restèrent les mêmes.

Aussi y a-t-il dans le monde entier peu de pays aussi pauvres et aussi malheureux que la Sicile.

De cette pauvreté, absence d'art, de littérature, de commerce, et par conséquent de civilisation.

J'ai dit quelque part, je ne sais plus trop où, qu'en Sicile ce n'étaient point les aubergistes qui nourrissaient les voyageurs, mais bien au contraire les voyageurs qui nourrissaient les aubergistes. Cet axiome, qui au premier abord peut paraître paradoxal, est cependant l'exacte vérité : les voyageurs mangent ce qu'ils apportent, et les aubergistes se nourrissent des restes.

Il en résulte qu'une des branches les moins avancées de la civilisation sicilienne est certainement la cuisine. On ne voudrait pas croire ce que l'on vous fait manger dans les meilleurs hôtels sous le nom de mets honorables et connus, mais auxquels l'objet servi ne ressemble en rien, du moins pour le goût. J'avais vu à la porte d'une boutique du boudin noir, et en rentrant à l'hôtel j'en avais demandé pour le lendemain. On me l'apporta paré de la mine la plus appétissante, quoique son odeur ne correspondît nullement à celle à laquelle je m'attendais. Comme j'avais déjà une certaine habitude des surprises culinaires qui vous attendent en Sicile à chaque coup de fourchette, je ne goûtai à mon boudin que du bout des dents. Bien m'en prit : si j'avais mordu dans une bouchée entière, je me serais cru empoisonné. J'appelai le maître de l'hôtel.

— Comment appelez-vous cela ? lui demandai-je en lui montrant l'objet qui venait de me causer une si profonde déception.

— Du boudin, me répondit-il.

— Vous en êtes sûr ?

— Parfaitement sûr.

— Mais avec quoi fait-on le boudin à Palerme ?

— Avec quoi ? pardieu ! avec du sang de cochon, du chocolat et des concombres.

Je savais ce que je voulais savoir, et je n'avais pas besoin d'en demander davantage.

Je présume que les Palermitains auront entendu parler un jour par quelque voyageur français d'un certain mets qu'on appelait du boudin, et que ne sachant comment se procurer des renseignements sur une combinaison si compliquée, ils en auront fait venir un dessin de Paris.

C'est d'après ce dessin qu'on aura composé le boudin qui se mange aujourd'hui à Palerme.

Une des grandes prétentions des Siciliens, c'est la beauté et l'excellence de leurs fruits; cependant les seuls fruits supérieurs qu'on trouve en Sicile sont les oranges, les figues et les grenades; les autres ne sont point même mangeables. Malheureusement les Siciliens ont sur ce point une réponse on ne peut plus plausible aux plaintes des voyageurs; ils vous montrent le malheureux passage de leur histoire où il est raconté que Narsès a attiré les Lombards en Italie en leur envoyant des fruits de Sicile. Comme c'est imprimé dans un livre, on n'a rien à dire, sinon que les fruits siciliens étaient plus beaux à cette époque qu'ils ne le sont aujourd'hui, ou que les Lombards n'avaient jamais mangé que des pommes à cidre.

CHAPITRE III.

EXCURSION AUX ILES ÉOLIENNES.

LIPARI.

Comme nous l'avait dit le capitaine, nous trouvâmes nos hommes sur le port. A vingt ou trente pas en mer, notre petit speronare se balançait vif, gracieux et fin au milieu des gros bâtiments, comme un alcyon au milieu d'une troupe de cygnes. La barque nous attendait amarrée au quai : nous y descendîmes ; cinq minutes après nous étions à bord.

Ce fut avec un vif plaisir, je l'avoue, que je me retrouvai au milieu de mes bons et braves matelots sur le parquet si propre et si bien lavé de notre speronare. Je passai ma tête dans la cabine ; nos deux lits étaient à leurs places. Après tant de draps d'une propreté douteuse, c'était quelque chose de délicieux à voir que ces draps éblouissants de blancheur. Peu s'en fallut que je ne me couchasse pour en sentir la fraîche impression.

Tout ceci doit paraître bien étrange au lecteur ; mais tout homme qui aura traversé la Romagne, la Calabre ou la Sicile, me comprendra facilement.

A peine fûmes-nous à bord que notre speronare se mit en mouvement, glissant sous l'effort de nos quatre rameurs, et que nous nous éloignâmes du rivage. Alors Palerme commença à s'étendre à nos yeux dans son magnifique développement, d'abord masse un peu confuse, puis s'élargissant, puis s'allongeant, puis s'éparpillant en blanches villas perdues sous les orangers, les chênes verts et les palmiers. Bientôt toute cette splendide vallée, que les anciens appelaient la *conque d'or*, s'ouvrit depuis Montreal jusqu'à la mer, depuis la montagne Sainte-Rosalie jusqu'au cap Zafarano. Palerme l'heureuse se faisait coquette pour nous laisser un dernier regret, à nous qu'elle n'avait pu retenir, et qui, selon toute probabilité, la quittions pour ne jamais la revoir.

Au sortir du port, nous trouvâmes un peu de vent, et nous hissâmes notre voile ; mais, vers midi, ce vent tomba tout à fait, et force fut à nos matelots de reprendre la rame. La journée était magnifique ; le ciel et le flot semblaient d'un même azur ; l'ardeur du soleil était tempérée par une douce brise qui court sans cesse, vivace et rafraîchissante, à la surface de la mer. Nous fîmes étendre un tapis sur le toit de notre cabine pour ne rien perdre de ce poétique horizon ; nous fîmes allumer nos chibouques et nous nous couchâmes.

C'étaient là les douces heures du voyage, celles où nous rêvions sans penser, celles où le souvenir du pays éloigné et des amis absents nous revenait en la mémoire, comme ces nuages à forme humaine qui glissent doucement sur un ciel d'azur, changeant d'aspect, se composant, se décomposant et se recomposant vingt fois en une heure. Les heures glissaient alors sans qu'on sentît ni le toucher ni le bruit de leurs ailes ; puis le soir arrivait nous ne savions comment, allumant une à une ses étoiles dans l'Orient assombri, tandis que l'Occident, éteignant peu à peu le soleil, roulait des flots d'or, et passait par toutes les couleurs du prisme, depuis le pourpre ardent jusqu'au vert clair : alors il s'élevait de l'eau comme une harmonieuse vapeur ; les poissons s'élançaient hors de la mer pareils à des éclairs d'argent ; le pilote se levait sans quitter le gouvernail, et l'*Ave Maria* commençait à l'instant même où s'éteignait le dernier rayon du jour.

Comme presque toujours le vent se leva avec la lune seulement : à sa chaude moiteur nous reconnûmes le scirocco ; le capitaine fut le premier à nous inviter à rentrer dans la cabine, et nous suivîmes son avis, à la condition que l'équipage chanterait en chœur sa chanson habituelle.

Rien n'était ravissant comme cet air chanté la nuit et accompagnant de sa mesure la douce ondulation du bâtiment. Je me rappelle que souvent, au milieu de mon sommeil, je l'entendais, et qu'alors, sans m'éveiller tout à fait, sans me rendormir entièrement, je suivais pendant des heures entières sa vaque mélodie. Peut-être, si nous l'eussions entendu dans des circonstances différentes et partout ailleurs qu'où nous étions, n'y eussions-nous pas même fait attention. Mais la nuit, mais au milieu de la mer, mais s'élevant de notre petite barque si frêle, au milieu de ces flots si puissants, il s'imprégnait d'un parfum de mélancolie que je n'ai retrouvé que dans quelques mélodies de l'auteur de *Norma* et des *Puritains*.

Lorsque nous nous réveillâmes, le vent nous avait poussés au nord, et nous courions des bordées pour doubler Alicudi, que le scirocco et le greco, qui soufflaient ensemble, avaient grand'peine à nous permettre. Pour les mettre d'accord ou leur donner le temps de tomber, nous ordonnâmes au capitaine de s'approcher le plus près possible de l'île, et de mettre en panne. Comme il n'y a à Alicudi ni port, ni anse, ni rade, il n'y avait pas moyen d'aborder avec le speronare, mais seulement avec la petite chaloupe; encore la chose était-elle assez difficile, à cause de la violence avec laquelle l'eau se brisait sur les rochers, lesquels, au reste, polis et glissants comme une glace, n'offraient aucune sécurité au pied qui se hasardait à sauter dessus.

Nous n'arrivâmes pas moins à aborder avec l'aide de Pietro et de Giovanni : il est vrai que Pietro tomba à la mer; mais, comme nos hommes n'avaient jamais que le pantalon et la chemise et qu'ils nageaient comme des poissons, nous avions fini par ne faire plus même attention à ces sortes d'accidents.

Alicudi est l'ancienne Éricodes de Strabon. qui, au reste, comme les anciens, ne connaissait que sept îles éoliennes : Strongyle, Lipara, Vulcania, Didyme, Phœnicodes, Éricodes et Évonimos. Cette dernière, qui était peut-être alors la plus considérable de toutes, a tellement été rongée par le feu intérieur qui la dévorait, que ses cratères affaissés ont ouvert différents passages à la mer, et que ses différentes sommités, qui s'élèvent seules aujourd'hui au-dessus des flots, forment les îles de Panaria, de Basiluzzo, de Lisca-Nera, de Lisca-Bianca et de Datoli. De plus, quelques rochers épars, faisant sans doute partie de la même terre, s'élèvent encore noirs et nus à la surface de la mer, sous le nom de Formicali.

Il est difficile de voir quelque chose de plus triste, de plus sombre et de plus désolé que cette malheureuse île, qui forme l'angle occidental de l'archipel Éolien. C'est un coin de la terre oublié lors de la création, et resté tel qu'il était du temps du chaos. Aucun chemin ne conduit à son sommet ou ne longe son rivage; quelques sinuosités creusées par les eaux de la pluie sont les seuls passages qui s'offrent aux pieds meurtris par les angles des pierres et les aspérités de la lave. Sur toute l'île, pas un arbre, pas un morceau de verdure pour reposer les yeux; seulement, au fond de quelques gerçures des rochers, dans les interstices des scories, quelques rares tiges de ces bruyères, qui font que Strabon l'appelle quelquefois Ericusa. C'est le solitaire et périlleux chemin de Dante, où, parmi les rocs et les débris, le pied ne peut avancer sans le secours de la main.

Et cependant, sur ce coin de lave rougie, vivent dans de misérables cabanes cent cinquante ou deux cents pêcheurs, qui ont cherché à utiliser les rares parcelles de terre échappées à la destruction générale. Un de ces malheureux rentrait avec sa barque; nous lui achetâmes pour 3 carlins (28 sous à peu près) tout le poisson qu'il avait pris.

Nous remontâmes sur notre bâtiment, le cœur serré de tant de misères. Vraiment, quand on vit dans un certain monde et d'une certaine façon, il est des existences qui deviennent incompréhensibles. Qui a fixé ces gens sur ce volcan éteint? Y ont-ils poussé comme les bruyères qui lui ont donné son nom? Quelle raison empêche qu'ils ne quittent cet effroyable séjour? Il n'y a pas un coin du monde où ils ne soient mieux que là. Ce rocher brûlé par le feu, cette lave durcie par l'air, ces scories sillonnées par l'eau des tempêtes, est-ce donc une patrie? Qu'on y naisse, cela est concevable, on naît où l'on peut; mais qu'ayant la faculté de se mouvoir, le libre arbitre qui fait qu'on peut chercher le mieux, une barque pour vous porter partout ailleurs, et qu'on reste là, c'est ce qui est impossible à comprendre, c'est ce que ces malheureux eux-mêmes, j'en suis sûr, ne sauraient expliquer.

Une partie de la journée nous courûmes des

bordées ; nous avions toujours le vent contraire : nous passions successivement en revue les Salines, Lipari et Vulcano ; apercevant à chaque passage, entre les Salines et Lipari, Stromboli secouant à l'horizon son panache de flammes. Puis, chaque fois que nous revenions vers Vulcano, tout enveloppée d'une vapeur chaude et humide, nous voyions plus distinctement ses trois cratères inclinés vers l'occident, et dont l'un d'eux a laissé couler une mer de lave, dont la couleur sombre contraste avec la terre rougeâtre et avec les bancs sulfureux qui l'entourent. Ce sont deux îles réunies en une seule par une irruption qui a comblé l'intervalle ; seulement, l'une était connue de toute éternité, et c'était Vulcano ; tandis que l'autre ne date que de l'an 550 de Rome. L'irruption qui les joignit eut lieu vers la moitié du seizième siècle ; elle forma deux ports : le port du levant et le port du couchant.

Enfin, après huit heures d'efforts inutiles, nous parvînmes à nous glisser entre Lipari et Vulcano, et, une fois abrités par cette dernière île, nous gagnâmes à la rame le port de

Lipari, où nous jetâmes l'ancre vers les deux heures.

Lipari, avec son château-fort bâti sur un rocher et ses maisons suivant les sinuosités du terrain, présente un aspect des plus pittoresques. Nous eûmes, au reste, tout le temps d'admirer sa situation, attendu les difficultés sans nombre qu'on nous fit pour nous laisser entrer. Les autorités, à qui nous avions eu l'imprudence d'avouer que nous ne venions pas pour le commerce de la pierre-ponce, le seul commerce de l'île, et qui ne comprenaient pas qu'on pût venir à Lipari pour autre chose, ne voulaient pas, à toute force, nous laisser entrer. Enfin, lorsqu'à travers une grille nous eûmes passé nos passe-ports que, de peur du choléra, on nous prit des mains avec des pincettes gigantesques, et qu'on se fut bien assuré que nous venions de Palerme, et non point d'Alexandrie ou de Tunis, on nous ouvrit une grille, et l'on consentit à nous laisser passer.

Il y avait loin de cette hospitalité à celle du roi Éole.

On se rappelle que Lipari n'est autre que

l'antique Éolie, où vint aborder Ulysse après avoir échappé à Polyphème. Voici ce qu'en dit Homère :

« Nous parvenons heureusement à l'île d'Éolie, île accessible et connue, où règne Éole, l'ami des dieux. Un rempart indestructible d'airain, bordé de roches polies et escarpées, enferme l'île tout entière. Douze enfants du roi font la principale richesse de son palais, six fils et six filles, tous au printemps de l'âge. Éole les unit les uns aux autres, et leurs heures s'écoulent, près d'un père et d'une mère dignes de leur vénération et de leur amour, en festins éternels et splendides d'abondance et de variété. »

Ce ne fut pas assez pour Éole de bien recevoir Ulysse, et de le festoyer dignement tout le temps que lui et ses compagnons restèrent à Lipari; au moment du départ, il lui fit encore cadeau de quatre outres, où étaient enfermés les principaux vents : Eurus, Auster et Aquilon. Zéphyr seul était resté en liberté, et avait reçu de son souverain l'ordre de pousser heureusement le roi fugitif vers Ithaque. Malheureusement, l'équipage du vaisseau que montait Ulysse eut la curiosité de voir ce que renfermaient ces outres si bien enflées, et un beau jour il les ouvrit. Les trois vents, d'autant plus joyeux d'être libres que depuis quelque temps déjà ils étaient enfermés dans leurs outres, s'élancèrent d'un seul coup d'aile dans les cieux, où ils exécutèrent par manière de récréation une telle tempête, que tous les vaisseaux d'Ulysse furent brisés, et qu'il s'échappa seul sur une planche.

Aristote parle aussi de Lipari :

« Dans une des sept îles de l'Éolie, dit-il, on raconte qu'il y a un tombeau dont on rapporte des choses prodigieuses ; car on assure qu'on entend sortir de ce tombeau un bruit de tambours et de cymbales, accompagné de cris éclatants. »

En effet, vers la fin du dernier siècle, on découvrit à Lipari un monument qui pourrait bien être le tombeau dont parle Aristote : c'est une espèce d'orgue en maçonnerie, de forme octogone, élevé sur des piliers de basalte qui l'isolent de la terre.

Chaque pan fait face à une petite vallée, et est percé à distance égale de trous garnis de tuyaux de terre cuite disposés de façon que le vent qui s'engouffre dans les cavités, produit des vibrations pareilles aux frémissements des harpes éoliennes. Cette construction à moitié enfouie se trouve encore à l'endroit où elle a été retrouvée.

A peine fûmes-nous sur le port de Lipari, que nous nous mîmes en quête d'une auberge; malheureusement c'était chose inconnue dans la capitale d'Éole. Nous cherchâmes d'un bout à l'autre de la ville : pas la moindre petite enseigne, pas le plus petit bouchon.

Nous en étions là, Milord assis sur son derrière, et Jadin et moi nous regardant, fort embarrassés tous deux, lorsque nous vîmes un attroupement assez considérable devant une porte; nous nous approchâmes, nous fendîmes la foule, et nous vîmes un enfant de six ou huit ans, mort, sur une espèce de grabat. Cependant sa famille ne paraissait pas autrement affectée; la grand'mère vaquait aux soins du ménage, un autre enfant de cinq ou six ans jouait en se roulant par terre avec deux ou trois petits cochons de lait. La mère seule était assise au pied du lit, et, au lieu de pleurer, elle parlait au cadavre avec une volubilité qui faisait que je n'en entendais point un mot. J'interrogeai un voisin sur le motif de ce discours, et il me répondit que la mère chargeait l'enfant de ses commissions pour le père et le grand-père, qui étaient morts il y avait l'un un an et l'autre trois : ces commissions étaient assez singulières ; l'enfant était chargé d'apprendre à l'auteur de ses jours que sa mère était sur le point de se remarier, et que la truie avait fait six marcassins *beaux comme des anges.*

En ce moment deux franciscains entrèrent pour enlever le cadavre. On le mit sur une civière découverte ; la mère et la grand'-mère l'embrassèrent une dernière fois ; on tira le jeune frère de ses occupations pour en faire autant, ce qu'il exécuta en pleurnichant, non pas de ce que son frère aîné était mort, mais de ce qu'on le dérangeait de son occupation ; puis on déposa le corps de l'enfant sur une civière, en jetant seulement sur lui un drap déchiré, et on l'emporta.

A peine le cadavre eut-il franchi le seuil de la porte, que la mère et la grand'mère se mirent à refaire le lit, et à effacer la dernière trace de ce qui s'était passé.

Quant à nous, voulant voir s'accomplir entièrement la cérémonie funéraire, nous suivimes le cadavre.

On le conduisit à l'église des Franciscains, attenante au couvent des bons pères, sans qu'aucun parent le suivît. On lui dit une petite messe, puis on leva une pierre et on le jeta dans une fosse commune, où tous les mois, sur la couche des cadavres, on laisse tomber une couche de chaux.

La cérémonie achevée, nous étions occupés à examiner la petite église, lorsqu'un moine, s'approchant de nous, nous adressa la parole en nous demandant si nous étions Français, Anglais ou Italiens : nous lui répondîmes que nous étions Français, et la conversation s'étant engagée sur ce point, nous ne tardâmes pas à lui exposer l'embarras où nous nous trouvions à l'endroit d'une auberge. Il nous offrit aussitôt l'hospitalité dans son couvent : on devine que nous acceptâmes avec reconnaissance; le moine avait d'autant plus le droit de nous faire cette offre, qu'il était le supérieur de la communauté.

Notre guide nous fit traverser un petit cloître, et nous nous trouvâmes dans le monastère; de là il nous conduisit à notre appartement : c'étaient deux petites cellules pareilles à celles des autres moines, si ce n'est qu'elles avaient des draps de toile à leur lit, tandis que les moines ne couchent que dans des draps de laine; les fenêtres de ces deux cellules, ouvertes à l'orient, offraient une vue admirable sur les montagnes de la Calabre et sur les côtes de la Sicile, qui, grâce au prolongement du cap Pelare, semblaient se joindre à angle droit, au-dessous de Seylla. A vingt-cinq milles à peu près, tout à fait à notre gauche, au delà de Panaria et des Formicali, dont on distinguait tous les détails, s'élevait la cime fumeuse de Stromboli. A nos pieds se déroulait la ville aux toits plats et blanchis à la chaux, ce qui lui donnait un aspect tout à fait oriental.

Un quart d'heure après que nous fûmes entrés dans notre chambre, un frère servant vint nous demander si nous souperions avec les pères, ou si nous désirions être servis chez nous : nous répondîmes que si les pères voulaient bien nous accorder l'honneur de leur compagnie, nous en profiterions pour les remercier de leur bonne hospitalité. Le souper était pour sept heures du soir, il en était quatre, nous avions donc tout le temps d'aller nous promener par la ville.

L'île de Lipari, qui donne son nom à tout l'archipel, a six lieues de tour, et renferme dix-huit mille habitants : elle est le siége d'un évêché et la résidence d'un gouverneur.

Les événements sont rares, comme on le comprend bien, dans la capitale des îles Éoliennes : aussi raconte-t-on, comme une chose arrivée hier, le coup de main que tenta sur elle le fameux pirate Hariadan Barberousse : dans une seule descente et d'un seul coup de filet, il enleva toute la population, hommes, femmes et enfants, et emmena tout en esclavage. Charles-Quint, alors roi de Sicile, envoya une colonie d'Espagnols pour la repeupler, adjoignant à cette colonie des ingénieurs pour y bâtir une citadelle et une garnison pour la défendre. Les Lipariotes actuels sont donc les descendants de ces Espagnols; car, comme on le comprend bien, on ne vit jamais reparaître aucun de ceux que Barberousse avait enlevés.

Notre arrivée avait fait événement : à part les matelots anglais et français qui viennent y charger de la pierre-ponce, il est bien rare qu'un étranger débarque à Lipari. Nous étions donc l'objet d'une curiosité générale; hommes, femmes et enfants sortaient sur leurs portes pour nous regarder passer, et ne rentraient que lorsque nous étions loin. Nous traversâmes ainsi la ville.

A l'extrémité de la grande rue et au pied de la montagne de Campo-Bianco, se trouve une petite colline que nous gravîmes afin de jouir du panorama de la ville tout entière. Nous y étions depuis un instant, lorsque nous y fûmes accostés par un homme de trente-cinq à quarante ans qui, depuis quelques minutes, nous suivait avec l'intention évidente de nous parler; c'était le gouverneur de la ville et de l'archipel. Ce titre pompeux m'effraya d'abord; je voyageais sous un autre nom que le mien et j'étais entré dans le royaume de Naples par contrebande. Mais je fus bientôt rassuré aux formes toutes gracieuses de notre interlocuteur ; il venait nous demander des nouvelles du reste du monde, avec lequel il était fort rarement en communication, et nous inviter à dîner pour le lendemain : nous lui apprîmes tout ce que nous savions de plus nouveau sur la Sicile, sur Naples et sur la France, et nous acceptâmes son dîner.

De notre côté, nous lui demandâmes des nouvelles de Lipari. Ce qu'il y connaissait de plus nouveau, c'était son orgue éolien dont parle Aristote, et ses étuves dont parle Diodore de Sicile ; quant aux voyageurs qui avaient visité l'île avant nous, les derniers étaient Spallanzani et Dolomieu. Le brave homme, bien au contraire du roi Éole dont il était le successeur, s'ennuyait à Crevco ; il passait sa vie sur la terrasse de sa maison, une lunette d'approche à la main ; il nous avait vus arriver et n'avait perdu aucun détail de notre débarquement ; puis aussitôt il s'était mis à notre piste. Un instant il nous avait perdus, grâce à notre entrée dans la maison de l'enfant mort et à notre pause au couvent des Franciscains; mais il nous avait rattrapés et nous déclara qu'il ne nous lâchait plus. La bonne fortune étant au moins égale pour nous que pour lui, nous nous mîmes à sa disposition, à part notre souper au couvent, pour jusqu'au lendemain cinq heures, à la condition cependant qu'il monterait séance tenante avec nous sur le Campo-Bianco, qu'il nous laisserait une heure pour dîner chez nos Franciscains, et qu'il nous accompagnerait le lendemain dans notre excursion à Vulcano. Ces trois articles, qui formaient la base de notre traité, furent acceptés à l'instant même.

La montagne était derrière nous, nous n'avions donc qu'à nous retourner et à nous mettre à l'œuvre; elle était toute parsemée d'énormes rochers blanchâtres, qui lui avaient fait donner son nom de Campo-Bianco. Comme je n'étais pas prévenu et que j'avais pris ces rochers au sérieux, je voulus m'appuyer à l'un d'eux pour m'aider dans ma montée; mais ma surprise fut grande quand, cédant à l'ébranlement que je lui donnai, le rocher, après avoir un instant vacillé sur sa base, se mit à rouler du haut en bas de la montagne, directement sur Jadin qui était resté en arrière. Il n'y avait pas moyen de fuir ; Jadin se crut écrasé et, par un mouvement machinal, il étendit la main en avant : j'éprouvai un instant d'horrible angoisse, quand tout à coup, à mon grand étonnement, je vis cette masse énorme s'arrêter devant l'obstacle qui lui était opposé. Alors Jadin prit le rocher dans sa main, le souleva à la hauteur de l'œil, l'examina avec attention, puis le rejeta par-dessus son épaule.

Le rocher était un bloc de pierre-ponce qui ne pesait pas vingt livres; tous les autres rochers environnants étaient de même matière, et la montagne même sur laquelle nous marchions, avec sa solidité apparente, n'avait pas plus d'opacité réelle : détachée de sa base, le gouverneur nous assura qu'entre nous trois nous pourrions la transporter d'un bout à l'autre de l'île.

Cette explication m'ôta un peu de ma vénération pour les Titans, et je ne les réintégrerai dans mon estime première que lorsque je me serai assuré par moi-même qu'Ossa et Pélion ne sont point des montagnes de pierre-ponce.

Arrivés au sommet de Campo-Bianco, nous dominâmes tout l'archipel ; mais autant la vue que nous avions autour de nous était magnifique, autant celle que nous avions au-dessous de nous était sombre et désolée : Lipari n'est qu'un amas de rocs et de scories ; les maisons elles-mêmes, de la distance où nous les voyions, semblaient un amas de pierres mal rangées, et à peine sur la surface de toute l'île distinguait-on deux ou trois morceaux de verdure, qui semblaient, pour me servir de l'expression de Sannazar, des fragments du ciel tombés sur la terre. Je compris alors la tristesse et l'ennui de notre malheureux gouverneur, qui, né à Naples, c'est-à-dire dans la plus belle ville du monde, était forcé, pour 1,500 francs par an, d'habiter cet abominable séjour.

Nous nous étions laissés attarder à regarder ce splendide panorama qui nous entourait et le lugubre spectacle que nous dominions : six heures et demie sonnèrent ; nous n'avions plus qu'une demi-heure devant nous pour ne pas faire attendre nos hôtes : nous descendîmes tout courants, et, après avoir promis au gouverneur d'aller prendre le café chez lui, nous nous acheminâmes vers le couvent. Nous arrivâmes comme la cloche sonnait.

Heureusement, de peur de nous faire quelque mauvaise affaire avec les Lipariotes, nous avions précautionnellement mis Milord en laisse : en entrant dans le réfectoire nous trouvâmes un troupeau de quinze ou vingt chats. Je laisse à juger au lecteur de l'extermination féline qui aurait eu lieu si Milord s'était trouvé libre.

Toute la communauté consistait en une douzaine de moines ; ils étaient assis à une table à trois compartiments, dont deux en retour comme les ailes d'un château : le supérieur, sans aucune distinction apparente, était assis au centre de la table qui faisait face à la porte ; nos deux couverts étaient placés vis-à-vis de lui.

Quoique nous fussions au mardi, la communauté faisait maigre, ne mangeant que des légumes et du poisson ; on nous servit à part un morceau de bœuf bouilli et des espèces de tourterelles rôties dont j'avais vu un certain nombre dans l'île.

Au dessert, et comme les moines, après avoir dit les Grâces, se levaient pour se retirer, le supérieur leur fit signe de se rasseoir, et l'on apporta une bouteille de malvoisie de Lipari : c'était bien le plus admirable vin que j'eusse jamais bu de ma vie; il se récoltait et se fabriquait au couvent même.

Le souper achevé, nous prîmes congé du supérieur, en lui demandant jusqu'à quelle heure nous pouvions rentrer : il répondit que le couvent, qui se ferme ordinairement à neuf heures, serait pour nous ouvert toute la nuit.

Nous nous rendîmes chez le gouverneur; il habitait une maison décorée du nom de château, et qui, en effet, comparée à toutes les autres, méritait incontestablement ce titre. Il nous attendait avec impatience, et nous présenta à sa femme ; toute sa postérité se composait d'un bambin de cinq ou six ans.

A peine fûmes-nous assis sur une charmante terrasse toute garnie de fleurs et qui dominait la mer, qu'on nous apporta du café et des cigares ; le café était fait à la manière orientale, c'est-à-dire pilé sans être rôti, et bouilli au lieu d'être passé : les tasses elles-mêmes étaient toutes petites et pareilles aux tasses turques; aussi l'habitude est-elle de les vider cinq ou six fois, ce qui est sans inconvénient aucun, attendu la légèreté de la liqueur. J'aimais beaucoup cette manière de préparer le café, et je fis fête à celui de notre hôte. Il n'en fut pas ainsi des cigares, qu'à leur tournure et à leur couleur je soupçonnai indigènes; Jadin, moins difficile que moi, fuma pour nous deux.

C'était, au reste, quelque chose de délicieux que cette mer vaste et tranquille, toute parsemée d'îles, et enfermée dans l'horizon vaporeux que lui faisaient les côtes de Sicile et les montagnes de la Calabre. Grâce à la dégradation du soleil qui s'abaissait derrière le Campo-Bianco, la terre, par un jeu de lumière plein de chaleur et d'harmonie, changea cinq ou six fois de teinte, et finit par s'effacer dans la vapeur; alors, cette délicieuse brise de la Grèce, qui arrive chaque soir avec l'obscurité, vint nous caresser le visage, et je commençai à trouver notre gouverneur un peu moins malheureux. J'essayai, en conséquence, de le consoler en lui détaillant les unes après les autres toutes les délices de sa résidence. Mais il me répondit en soupirant qu'il y avait quinze ans qu'il en jouissait. Depuis quinze ans, le même soir, à la même heure, il avait le même spectacle, et le même vent lui venait rafraîchir le visage ; ce qui ne laissait pas à la longue d'être quelque peu monotone, si fort amateur que l'on soit de la belle nature. Je ne pus m'empêcher d'avouer qu'il y avait bien quelque justesse au fond de ce raisonnement.

Nous restâmes sur la terrasse jusqu'à dix heures du soir. En rentrant, nous trouvâmes une salle de billard illuminée, et il nous fallut faire notre partie. Après la partie, la maîtresse de la maison nous invita à passer dans la salle à manger, où nous attendait une collation composée de gâteaux et de fruits. Tout cela était présenté avec une grâce si parfaite que nous résolûmes de nous laisser faire jusqu'au bout.

A minuit cependant, le gouverneur, pensant que nous avions besoin de repos, nous laissa libres. Il y avait dix ans qu'il ne s'était couché à pareille heure, et il n'avait jamais, nous assura-t-il, passé une soirée si agréable.

Je renvoyai tous les honneurs du compliment à Jadin, qui, enchanté de trouver une occasion de parler français, avait été flamboyant d'esprit.

Le lendemain, à six heures du matin, le gouverneur ouvrit la porte de ma chambre; il était désolé : une affaire inattendue le retenait impitoyablement dans le siége de son gouvernement, et il ne pouvait nous accompagner à Vulcano. En échange, il mettait sa barque et ses quatre rameurs à notre disposition. De plus, il nous apportait une lettre pour les fils du général Nunziante, qui exploitent les mines de soufre de Vulcano. L'île tout entière est affermée à leur père.

Nous acceptâmes la barque et la lettre; nous nous engageâmes à être de retour à quatre heures; et, après avoir pris une légère collation que le frère cuisinier avait eu le soin de nous tenir prête, nous descendîmes vers le port, accompagnés de notre gouverneur, et entourés, comme on le comprend bien, du respect et de la vénération de tous les Lipariotes.

CHAPITRE IV.

EXCURSION AUX ILES ÉOLIENNES.

VULCANO.

Un détroit, large de trois milles à peine, sépare Lipari de Vulcano. Nous fîmes ce trajet, grâce à l'habileté de nos rameurs, en moins de quarante minutes.

Vulcano, la Vulcania antique, est l'ile dont Virgile fait la succursale de l'Etna et l'atelier de Vulcain (1). Au reste elle est bien digne de cet honneur, car, quoiqu'il soit évident que depuis dix-neuf siècles elle

---

(1) Insula Sicanium juxta latus Æoliamque
    Erigitur Liparen, fumantibus ardua saxis;
    Quam subter specus et Cyclopum exesa caminis
    Antra ætnæa tonant, validique incudibus ictus
    Auditi referunt gemitum, striduntque cavernis
    Stricturæ Chalybum, et fornacibus ignis anhelat:
    Vulcani domus, et Vulcania nomine tellus.

ait perdu un peu de sa chaleur, il a succédé une fort belle fumée au feu qui, sans doute, s'en échappait à cette époque. Vulcano, pareil au dernier débris d'un monde brûlé, s'éteint tout doucement au milieu de la mer qui siffle, frémit et bouillonne tout autour de lui. Il est impossible, même à la peinture, de donner une idée de cette terre convulsionnée, ardente et presque en fusion. Nous ne savions pas, à l'aspect de cette étrange apparition, si notre voyage n'était pas un rêve, et si ce sol fantastique n'allait pas s'évanouir devant nous au moment où nous croirions y mettre le pied.

Heureusement nous étions bien éveillés, et nous abordâmes enfin sur cette terre, si étrange qu'elle fût.

Notre premier soin, en sautant sur le rivage, fut de nous informer auprès de deux ou trois hommes qui étaient accourus à notre rencontre, où nous trouverions les fils du général Nunziante. Non-seulement on nous montra à l'instant même la maison qu'ils habitaient, et qui, au reste, est la seule de l'île; mais encore un des hommes à qui nous nous étions adressés, courut devant nous pour prévenir les deux frères de notre arrivée.

Un seul était là pour le moment : c'était l'aîné. Nous vîmes venir au-devant de nous un beau jeune homme de vingt-deux à vingt-quatre ans, qui, avant même que je lui eusse dit mon vrai nom, commença par nous recevoir avec une charmante affabilité. Il achevait de déjeuner, et nous offrit de nous mettre à table avec lui. Malheureusement, nous venions précautionnellement d'en faire autant il y avait une heure. Je dis malheureusement, attendu que la table était ornée d'une magnifique langouste, qui faisait envie à voir, surtout à des gens qui n'en avaient pas mangé depuis qu'ils avaient quitté Paris. Aussi je ne pus m'empêcher de m'informer auprès de lui dans quelle partie de l'Archipel on trouvait cet estimable crustacé. Il nous répondit que c'était aux environs de Panaria, et que si nous avions quelque désir d'en manger, nous n'avions qu'à prévenir notre capitaine d'en faire provision en passant devant cette île.

J'inscrivis cet important renseignement sur mon album.

Comme notre hôte se levait de table, le frère cadet arriva : c'était un jeune homme de dix-sept à dix-huit ans. Son aîné nous le présenta aussitôt, et il nous renouvela le compliment de bienvenue que nous avions déjà reçu. Tous deux vivaient ensemble, seuls et isolés, au milieu de cette terrible population, car nous apprîmes alors ce que nous avions ignoré jusque-là : c'est qu'à l'exception des deux frères, l'île n'était habitée que par des forçats.

Nos hôtes voulurent nous faire en personne les honneurs de leur domaine ; le nouveau venu se hâta donc, moyennant deux œufs frais et le reste de la langouste, de se mettre à notre niveau. Après quoi, les deux jeunes gens nous annoncèrent qu'ils étaient à nos ordres.

La première curiosité qu'ils nous offrirent de visiter était un petit volcan sous-marin, qui chauffait l'eau dans une circonférence de cinquante à soixante pieds à peu près, jusqu'à une chaleur de quatre-vingts à quatre-vingt-cinq degrés ; c'était là qu'ils faisaient cuire leurs œufs. Comme à ce détail culinaire ils virent passer sur nos lèvres un sourire d'incrédulité, ils firent signe à l'un de leurs forçats qui courut à la maison et rapporta aussitôt un petit panier et deux œufs pour faire, séance tenante, la susdite expérience.

Le petit panier tenait lieu de cuiller à pot ou de marmite; on le posait sur l'eau, le poids de son contenu le faisait enfoncer jusqu'à la moitié de sa hauteur; on le laissait trois minutes, la montre à la main, dans la mer, et les œufs étaient cuits à point.

La chose s'exécuta ainsi à notre grande confusion. Un des deux œufs, ouvert avec les précautions d'usage, offrait l'aspect le plus appétissant. On en fit don à un des forçats qui nous accompagnait, lequel n'en fit qu'une gorgée, au nez de Milord, qui n'avait point pris d'intérêt à toute la discussion que dans l'espérance qu'on lui en offrirait les résultats.

Comme j'avais un grand faible pour Milord, j'allais le dédommager de sa déception en lui abandonnant le second œuf, lorsque Jadin s'aperçut qu'il s'était cassé en cuisant, et que l'eau de la mer avait pénétré dans l'intérieur; cette circonstance méritait considération : ce mélange d'eau de mer, de soufre et de jaune d'œuf pouvait être dangereux; quel que fût mon regret de priver Milord de ce qu'il regardait comme son dû, je jetai l'œuf à la mer.

Milord avait suivi la discussion avec cet œil intelligent qui indiquait clairement que, sans entendre parfaitement notre dialogue, il comprenait cependant qu'il roulait sur lui; aussi, à peine m'eut-il vu jeter l'œuf à la mer, que d'un seul bond il s'élança au milieu de la distance que je lui avais fait parcourir, et qu'il tomba au milieu de l'eau bouillante.

On comprend la surprise du pauvre animal : la théorie des volcans lui étant parfaitement étrangère, il avait cru sauter dans l'eau froide, et il se trouvait dans un liquide chauffé à quatre-vingt-cinq degrés : aussi jeta-t-il un cri perçant et, sans s'occuper davantage de l'œuf, commença-t-il à nager vers le rivage, en nous regardant avec deux gros yeux ardents, dont l'expression indiquait on ne peut plus clairement la stupéfaction profonde qui s'était emparée de lui.

Jadin l'attendait sur le rivage; à peine y

eut-il mis le pied, qu'il le prit aussitôt dans ses bras et courut de toutes ses forces à cinquante pas de là pour le tremper dans l'eau froide; mais Milord, en sa qualité de chien échaudé, n'était pas le moins du monde disposé à faire une nouvelle expérience : une lutte des plus violentes s'engagea entre lui et Jadin, et pour la première fois de sa vie il se permit d'entamer, d'un coup de croc, la main de son auguste maître; il est vrai qu'à peine fut-il dans l'eau froide, qu'il comprit si bien l'étendue de ses torts, que, soit qu'il éprouvât un grand soulagement au changement de la température, soit qu'il craignît en regagnant la terre de recevoir la correction méritée, il refusa constamment de sortir de la mer.

Comme il n'y avait aucun danger qu'il se perdît, vu qu'il n'était pas assez niais pour essayer de gagner Lipari, Scylla ou Messine en nageant, nous le laissâmes s'ébattre en pleine eau, et nous abandonnâmes le rivage pour nous enfoncer dans l'intérieur de l'île; mais alors ce que nous avions prévu arriva. A peine Milord nous vit-il à cent pas de lui, qu'il regagna la terre et se mit à nous suivre à distance respectueuse, s'arrêtant et s'asseyant aussitôt que nous nous retournions, Jadin ou moi, pour le regarder ; manœuvre qui indiquait à ceux qui étaient au courant de son caractère la plus suprême défiance; comme la défiance est la mère de la sûreté, nous perdîmes bientôt toute inquiétude à son endroit, et nous continuâmes d'aller en avant.

Nous commencions à gravir le cratère du premier volcan, et à chaque pas que nous faisions nous entendions la terre résonner sous nos pieds comme si nous marchions sur des catacombes : on n'a point idée de la fatigue d'une pareille ascension, à onze heures du matin, sur un sol ardent et sous un soleil de feu. La montée dura trois quarts d'heure à peu près, puis nous nous trouvâmes sur le bord du cratère.

Celui-là était épuisé, et n'offrait rien d'autrement curieux : aussi nous acheminâmes-nous aussitôt vers le second, situé à un millier de pieds au-dessus du premier et qui est en pleine exploitation.

Pendant la route, nous longeâmes une montagne pleine d'excavations; quelques-unes de ces excavations étaient fermées par une porte, et même par une fenêtre ; d'autres ressemblaient purement et simplement à des tanières de bêtes sauvages. C'était le village des forçats; quatre cents hommes à peu près habitaient dans cette montagne, et, selon qu'ils étaient plus ou moins industrieux ou plus ou moins sensuels, ils laissaient leur demeure abrupte, ou essayaient de la rendre plus confortable.

Après une seconde ascension, d'une heure à peu près, nous nous trouvâmes sur les bords du second volcan, au fond duquel, au milieu de la fumée qui s'échappait de son centre, nous aperçûmes une fabrique, autour de laquelle s'agitait une population tout entière. La forme de cette immense excavation était ovale et pouvait avoir mille pas de longueur dans son plus grand diamètre ; on y descendait par une pente facile, de forme circulaire, produite par l'éboulement d'une partie des scories, et assez douce pour être praticable à des civières et à des brouettes.

Nous fûmes près de vingt minutes à atteindre le fond de cette immense chaudière ; à mesure que nous descendions, la chaleur du soleil, combinée avec celle de la terre, augmentait. Arrivés à l'extrémité de la descente, nous fûmes forcés de nous arrêter un instant, l'atmosphère était à peine respirable.

Nous jetâmes alors un coup d'œil en arrière pour voir ce qu'était devenu Milord : il était tranquillement assis sur le bord du cratère, et, craignant sans doute quelque nouvelle surprise dans le genre de celle qu'il venait d'éprouver, il n'avait pas jugé à propos de s'aventurer plus loin.

Au bout de quelques minutes, nous commencions à nous familiariser avec les émanations sulfureuses qui s'exhalent d'une multitude de petites gerçures, au fond de quelques-unes desquelles on aperçoit la flamme; de temps en temps cependant nous étions forcés de nous percher sur quelque bloc de lave pour aller chercher, à une quinzaine de pieds au-dessus de la terre, un air un peu plus pur. Quant à la population qui circulait autour de nous, elle était parvenue à s'y habituer et ne paraissait pas en souffrir. MM. Nunziante eux-mêmes étaient parvenus à s'y accoutumer, tant bien que mal, et ils restaient quelquefois des heures entières au fond de ce cratère sans être incommodés de ce gaz, qui, au premier abord, nous avait paru presque insupportable.

Il serait difficile de voir quelque chose de plus étrange que l'aspect de ces malheureux forçats : selon qu'ils travaillent dans des veines de terre différentes, ils ont fini par prendre la couleur de cette terre ; les uns sont jaunes comme des canaris ; les autres, rouges comme des Hurons ; ceux-ci, enfarinés comme des paillasses ; ceux-là, bistrés comme des mulâtres. Il est difficile de croire, en voyant toute cette grotesque mascarade, que chacun des hommes qui la composent est là pour quelque vol ou pour quelque meurtre. Nous nous étions particulièrement attachés à un petit bonhomme d'une quinzaine d'années, à la figure douce comme celle d'une jeune fille. Nous nous informâmes de ce qu'il avait fait : il avait, à l'âge de douze ans, tué, d'un coup de couteau, un domestique de la princesse de la Cattolica.

Après avoir passé en revue les hommes qui

avaient d'abord absorbé toute notre attention, nous examinâmes le sol : à mesure qu'il se rapprochait du centre du cratère, il perdait de sa solidité, devenait tremblant comme la houille d'un marais, puis enfin menaçait de manquer sous les pieds. Une pierre de quelque pesanteur, jetée au milieu de ce terrain mouvant, s'y enfonçait et disparaissait comme dans de la boue.

Après une heure d'exploration, nous remontâmes, toujours accompagnés de nos deux jeunes et aimables guides, qui ne voulurent pas nous abandonner un seul instant; seulement, au haut du cratère, ils se séparèrent: l'un nous quitta pour nous aller écrire quelques lettres de recommandation pour la Calabre, l'autre resta avec nous pour nous accompagner à une grotte que notre voisin le gouverneur avait eu le soin de recommander à notre attention.

Cette grotte, effectivement fort curieuse, est située dans la partie de l'île qui fait face à la Calabre; c'est une étroite ouverture qui, après une quinzaine de pas, va en s'élargissant; on n'y pénètre qu'en marchant à quatre pattes dans les endroits faciles, et en rampant dans les endroits difficiles; encore est-on bientôt obligé de revenir à l'orifice extérieur pour faire une nouvelle provision d'air respirable. Quelques nouvelles instances que nous fissions à Milord, il refusa obstinément de nous suivre; et j'avoue que je compris son entêtement: je commençais, comme lui, à me défier des surprises.

Après trois essais successifs, nous parvînmes enfin au fond de la grotte, qui s'élève d'une dizaine de pieds et s'élargit d'une quinzaine de pas; là nous allumâmes les torches dont nous nous étions munis, et, malgré la vapeur qui la remplissait, la caverne s'éclaira. Les parois étaient recouvertes d'ammoniaque et de muriate de soude, et au fond bouillonnait un petit lac d'eau chaude; un thermomètre pendu à la muraille, et qu'y trempa M. Nunziante, monta jusqu'à soixante-quinze degrés.

J'avais hâte de sortir de cette espèce de four où je respirais à grand'peine, et je donnai l'exemple de la retraite. J'avoue que je revis le soleil avec un certain plaisir ; je n'étais resté que dix minutes dans la grotte, et j'étais mouillé jusqu'aux os.

Nous regagnâmes notre débarcadère en suivant le rivage de la mer, dont Milord ne s'approcha jamais à plus de vingt-cinq pas. En arrivant à la maison, nous trouvâmes M. Nunziante qui achevait sa seconde lettre; la première était pour M. le chevalier Alcala, au Pizzo; la seconde, pour le baron Mollo de Lozensa. On verra plus tard de quelle utilité ces deux lettres nous furent en temps et lieu.

Nous prîmes congé de nos deux hôtes avec une reconnaissance réelle. Ils avaient été pour nous d'une obligeance parfaite; aussi, ce qui est peu probable, si ces lignes leur tombent jamais sous les yeux, je les prie d'y recevoir l'expression de nos bien sincères remercîments; faits ainsi, et à sept ans d'intervalle, ils leur prouveront au moins que nous avons la mémoire du cœur.

Nous retournâmes au rivage, accompagnés par eux, et nous échangeâmes un dernier serrement de main, eux à terre et nous déjà dans notre barque; un coup d'aviron nous sépara d'eux.

Nous avions le vent bon pour revenir; aussi, grâce à la petite voile que nous hissâmes, ne mîmes-nous pas plus d'une demi-heure à exécuter le trajet.

Quand nous fûmes assez près de Lipari pour que les objets devinssent distincts, nous aperçûmes notre gouverneur qui nous suivait du haut de sa terrasse, sa lorgnette à l'œil. Lorsqu'il nous vit approcher du port, il repoussa d'un coup de paume de la main les différents tubes de son instrument les uns dans les autres, et disparut. Nous présumâmes qu'il venait au-devant de nous; nous ne nous trompions point, nous le trouvâmes au débarquer. Cette fois, il va sans dire que, grâce à la barque et aux rameurs du gouverneur, la grille nous fut ouverte à deux battants.

Il était quatre heures moins un quart, cela me donnait le temps d'aller remercier les bons pères et régler mon compte avec eux; je laissai Jadin accompagner notre gouverneur, et je me rendis au couvent.

J'y trouvai le supérieur, qui me reprocha doucement d'avoir sans doute trouvé la cuisine mauvaise puisque nous avions accepté à dîner hors de chez lui. Je lui répondis que la cuisine n'eût-elle point été aussi excellente qu'elle était réellement, nous aurions oublié ce petit inconvénient en faveur de la manière toute gracieuse dont elle nous était offerte; mais, loin de là, nous étions à la fois satisfaits de la chère et reconnaissants de l'accueil; cependant nous n'avions pas pu refuser d'aller dîner chez le gouverneur. Le supérieur parut se rendre à nos raisons, et je lui demandai combien nous lui devions.

Mais là, la discussion recommença; le supérieur avait entendu nous offrir l'hospitalité gratis. Je craignis de le blesser en insistant, je lui fis mes remerciments pour moi et Jadin; seulement, en passant devant le tronc du couvent, j'y glissai deux piastres.

Je me rappellerai toujours ce petit couvent avec son air oriental et son beau palmier, qui lui donnaient bien plus l'aspect d'une mosquée que d'une église : cela avait si fort frappé Jadin de son côté, qu'à cinq heures du matin, tandis que je dormais encore, il s'était levé et en avait fait un croquis.

En arrivant chez notre bon gouverneur, je trouvai le dîner servi et chacun prêt à se mettre à table. Le brave homme avait mis à contribution pour nous recevoir la terre et la mer. Nous le grondâmes de faire de pareilles folies pour des gens qui lui étaient inconnus. Mais il nous répondit que, grâce aux bonnes heures que nous lui avions fait passer, nous n'étions plus des étrangers pour lui, mais bien au contraire des amis dont, dans son exil, il conserverait le souvenir toute sa vie. Nous lui rendîmes compliment pour compliment.

Nous désirions, autant que possible, entrer le lendemain soir, avant la fermeture de la police, dans le port de Stromboli. Aussi avions-nous fixé notre départ à cinq heures et demie. Mais notre hôte insista tant et si fort que nous n'eûmes le courage de le quitter qu'à six heures.

Avant de prendre congé de lui, il nous fit promettre que pendant la soirée nous regarderions de temps en temps du côté de sa terrasse, attendu qu'il nous ménageait une dernière surprise. Nous nous y engageâmes.

Toute la famille vint nous conduire jusqu'au bord de la mer. Le chef de la police avait bien envie de nous chercher noise, attendu l'heure avancée de notre départ; mais un mot du gouverneur, qui déclara que c'était lui qui nous avait retenus, aplanit toutes les difficultés.

Nous étions déjà sur le speronare, et nous allions lever l'ancre, lorsque nous vîmes un frère franciscain qui accourait en nous faisant de grands signes; nous envoyâmes Pietro à bord avec la barque, pour savoir ce que le bon moine nous voulait. Un frère m'avait vu déposer notre offrande dans le tronc et l'avait ouvert; de sorte que le supérieur, trouvant que nous avions trop largement payé notre hospitalité, nous envoyait une petite barrique de ce malvoisie de Lipari, que nous avions trouvé si bon la veille.

Pendant ce temps-là, l'équipage avait levé l'ancre; nous saluâmes encore une fois notre gouverneur de la main, et, nos hommes commençant à jouer vigoureusement des avirons, nous nous trouvâmes en un instant hors du port.

Dix minutes après, nous revîmes notre

gouverneur sur sa terrasse, agitant son mouchoir de toute sa force. Nous lui rendîmes signe pour signe, présumant cependant que ce n'était point encore là la surprise qu'il nous avait annoncée.

Nous fûmes un instant distraits de l'attention que nous portions à notre hôte par l'*Ave Maria*. Nous nous étions fait nous-mêmes une habitude de cette prière; et quoique revenu à terre et séparé de nos matelots, je fus longtemps à ne jamais laisser passer cette heure sans penser à la solennité qu'elle me rappelait.

L'*Ave Maria* fini, nous nous retournâmes vers Lipari. Le soleil s'abaissait derrière le Campo-Bianco, enveloppant de ses rayons toute l'île qui se détachait en vigueur sur un fond d'or. Au reste, comme nous avions le vent contraire, et que nous ne marchions qu'à la rame, nous ne nous éloignions que lentement; de sorte que nous ne perdions que peu à peu les détails du magnifique horizon que nous avions devant les yeux, et dont Lipari formait le centre.

Tant que les objets demeurèrent visibles,

nous distinguâmes le gouverneur sur sa terrasse ; puis, lorsque le crépuscule fut enfin devenu assez sombre pour qu'ils commençassent à s'effacer, une lumière s'alluma comme un phare qui nous permit de ne point perdre la direction du château. Enfin, au bout d'une heure à peu près de nuit sombre, nous vîmes une fusée s'élancer de terre et aller s'éteindre dans le ciel.

C'était le signal d'un feu d'artifice que le gouverneur tirait en notre honneur.

Lorsque le dernier soleil fut évanoui, lorsque la dernière chandelle romaine fut éteinte, je pris ma carabine, et, en réponse à sa dernière politesse, je lâchai le coup en l'air.

Nous nous demandions si nous avions été vus et entendus de la terre, lorsque nous vîmes à notre tour un éclair qui sillonnait la nuit, et que nous entendîmes, mourant sur les flots, la détonation d'un coup de feu.

Puis tout retomba dans le silence et dans l'obscurité.

Comme la journée avait été dure, nous rentrâmes aussitôt dans notre cabine, où nous ne tardâmes point à nous endormir.

CHAPITRE V.

EXCURSION AUX ILES ÉOLIENNES.

STROMBOLI.

Nous nous réveillâmes en face de Panaria. Toute la nuit le vent avait été contraire et nos gens s'étaient relayés pour marcher à la rame; mais nous n'avions pas fait grand chemin, et à peine étions-nous à dix lieues de Lipari. Comme la mer était parfaitement calme, je dis au capitaine de jeter l'ancre, de faire des provisions pour la journée, et surtout de ne pas oublier les homards; puis nous descendîmes dans la chaloupe et, prenant Pietro et Philippe pour rameurs, nous leur ordonnâmes de nous conduire sur un des vingt ou trente petits îlots éparpillés entre Panaria et Stromboli. Après un quart d'heure de traversée nous abordâmes à Lisca-Bianca.

Jadin s'assit, déploya son parasol, fixa sa chambre claire, et se mit à faire un dessin général des îles. Quant à moi, je pris mon fusil, et, suivi de Pietro, je me mis en quête des aventures; elles se bornèrent à la rencontre de deux oiseaux de mer de l'espèce des bécassines, que je tuai tous les deux; c'était déjà plus que je n'espérais, l'îlot étant parfaitement inhabité et ne possédant pas une touffe d'herbe.

Pietro, qui était très-familier avec tous ces rochers petits et grands, me conduisit ensuite à la seule chose curieuse qui existe dans l'île, c'est une source de gaz hydrogène sulfureux qui se dégage de la mer par bulles nombreuses : Pietro en recueillit une certaine quantité dans une bouteille dont il s'était muni à cet effet, et qu'il boucha hermétiquement, en me promettant de me faire voir, à notre retour sur le speronare, *una curiosita.*

Au bout d'une heure à peu près de station à Lisca-Bianca, nous vîmes le speronare qui se mettait en mouvement et se rapprochait de nous. Il arriva en face de notre île juste comme Jadin achevait son croquis; de sorte que nous n'eûmes qu'à remonter dans la barque et ramer pendant cinq minutes pour nous retrouver à bord.

Le capitaine avait suivi mon injonction à la lettre : il avait fait une telle récolte de homards ou de langoustes qu'on ne savait où poser le pied, tant le pont en était encombré ; j'ordonnai de les réunir et de faire l'appel : il y en avait quarante.

Je grondai alors le capitaine, et je l'accusai de nous ruiner ; mais il me répondit qu'il prendrait pour lui ceux que je ne voudrais pas, attendu qu'il ne pouvait guère rien trouver à meilleur marché ; en effet, ses comptes rendus, il fut établi qu'il y en avait en tout pour la somme de douze francs : il avait acheté toute la pêche d'une barque en bloc et à deux sous la livre.

Notre excursion sur l'île de Lisca-Bianca nous avait donné un appétit féroce ; en conséquence, nous ordonnâmes à Giovanni de mettre dans une marmite les six plus grosses têtes de la société pour notre déjeuner et celui de l'équipage, puis nous fîmes monter six bouteilles de vin de la cantine, afin que rien ne manquât à la collation.

Au dessert Pietro nous gratifia de la tarentelle.

En voyant mes deux bécassines, le capitaine m'avait dénoncé l'île de Basiluzzo comme fourmillant de lapins ; or, comme il y avait long-temps que nous n'avions fait une chasse en règle, et que rien ne nous pressait autrement, il fut convenu que l'on jetterait l'ancre en face de l'île, et que nous y mettrions pied à terre pendant une couple d'heures.

Nous y arrivâmes vers les trois heures, et nous entrâmes dans une petite anse assez commode ; huit ou dix maisons couronnent le plateau de l'île, qui n'a pas plus de trois quarts de lieue de tour. Comme je ne voulais pas empiéter sur les plaisirs des propriétaires, j'envoyai Pietro leur demander s'ils voulaient bien me donner la permission de tuer quelques-uns de leurs lapins : ils me firent répondre que, bien loin de s'opposer à cette louable intention, plus j'en tuerais plus je leur ferais plaisir, attendu qu'encouragés par l'impunité, ces insolents maraudeurs mettaient au pillage le peu de légumes qu'ils cultivaient, et qu'ils ne pouvaient défendre contre eux, n'ayant pas de fusils.

Nous nous mîmes en chasse à l'instant même, et à peine eûmes-nous fait vingt pas, que nous nous aperçûmes que le capitaine nous avait dit la vérité : les lapins nous partaient dans les jambes, et chaque lapin qui se levait en faisait lever deux ou trois autres dans sa fuite ; en moins d'une demi-heure nous en eûmes tué une douzaine. Malheureusement le sol était criblé de repaires, et à chaque coup de fusil nous en faisions terrer cinq ou six ; néanmoins, après deux heures de chasse, nous comptions dix-huit cadavres.

Nous en donnâmes douze aux habitants de l'île, et nous emportâmes les six autres au bâtiment.

Tout en arpentant l'île d'un bout à l'autre, nous avions aperçu quelques ruines antiques ; je m'en approchai, mais au premier coup d'œil je reconnus qu'elles étaient sans importance.

Nous avions perdu ou gagné deux heures,

comme on voudra, de sorte que, quoiqu'une jolie brise de Sicile se fût levée quelque temps auparavant, il était probable que nous n'arriverions pas au port de Stromboli à temps pour descendre à terre; nous n'en déployâmes pas moins toutes nos voiles pour n'avoir rien à nous reprocher, et nous fîmes près de six lieues en deux heures; mais tout à coup le vent du midi tomba pour faire place au gréco, et nos voiles nous devenant dès lors plutôt nuisibles que profitables, nous marchâmes de nouveau à la rame.

A mesure que nous approchions, Stromboli nous apparaissait plus distinct, et à travers cet air limpide du soir nous apercevions chaque détail : c'est une montagne ayant exactement la forme d'une meule de foin, avec un sommet surmonté d'une arête : c'est de ce sommet que s'échappe la fumée, et, de quart d'heure en quart d'heure, la flamme; dans la journée cette flamme a l'air de ne pas exister, perdue qu'elle est dans la lumière du soleil; mais lorsque vient le soir, lorsque l'Orient commence à brunir, cette flamme devient visible, et on la voit s'élancer au milieu de la fumée qu'elle colore, et retomber en gerbes de lave.

Vers sept heures du soir, nous atteignîmes Stromboli; malheureusement le port est au levant, et nous venions, nous, de l'occident; de sorte qu'il nous fallut longer toute l'île. Pour accomplir cette course demi-circulaire, nous passâmes devant la portion de l'île où, par un talus rapide, la lave descend dans la mer. Sur une largeur de vingt pas au sommet et de cent cinquante pas à sa base, la montagne, sur ce point, est couverte de cendre, et toute végétation est brûlée.

Le capitaine avait prédit juste : nous arrivâmes une demi-heure après la fermeture du port; tout ce que nous pûmes dire pour nous le faire ouvrir fut de l'éloquence perdue.

Cependant toute la population de Stromboli était accourue sur le rivage. Notre speronare était un habitué du port, et nos matelots étaient fort connus dans l'île : chaque automne ils y font quatre ou cinq voyages pour y charger de la passoline; joignez à cela seulement deux ou trois autres voyages dans l'année, et c'est plus qu'il n'en faut pour établir des relations de toute nature.

Depuis que nous étions à portée de la voix, il s'était établi entre nos gens et les Stromboliotes une foule de dialogues particuliers coupés de demandes et de réponses auxquelles, vu le patois dans lequel elles étaient faites, il nous était impossible de rien comprendre ; seulement il était évident que ce dialogue était tout amical. Pietro paraissait même avoir des intérêts plus tendres encore à démêler avec une jeune fille qui ne nous paraissait nullement préoccupée de cacher les sentiments pleins de bienveillance qu'elle paraissait avoir pour lui. Enfin le dialogue s'anima au point que Pietro commença à se balancer sur une jambe, puis sur l'autre, fit deux ou trois petits bonds préparatoires, et, sur la ritournelle chantée par Antonio, commença de danser la tarentelle. La jeune Stromboliote ne voulut pas être en reste de politesse et se mit à se trémousser de son côté ; et cette gigue à distance dura jusqu'à ce que les deux danseurs tombassent rendus de fatigue, l'un sur le pont, l'autre sur le rivage.

C'était le moment que j'attendais pour demander au capitaine où il comptait nous faire passer la nuit; il nous répondit qu'il était à notre disposition, et que nous n'avions qu'à ordonner. Je le priai alors d'aller nous jeter l'ancre en face du volcan, afin que nous ne perdissions rien de ses évolutions nocturnes. Le capitaine dit un mot; chacun interrompit sa conversation et courut aux rames. Dix minutes après nous étions ancrés à soixante pas en avant de la face septentrionale de la montagne.

C'était dans Stromboli qu'Éole tenait enchaînés *luctantes ventos tempestatesque sonoras*. Sans doute, au temps du chantre d'Énée, et quand Stromboli s'appelait Strongyle, l'île n'était pas encore connue pour ce qu'elle est, et elle préparait dans ses profondeurs ces bouillantes et périodiques éjaculations qui en font le volcan le plus poli de la terre. En effet, avec Stromboli on sait à quoi s'en tenir : ce n'est point comme avec le Vésuve ou l'Etna, qui font attendre au voyageur une pauvre petite irruption quelquefois trois, quelquefois cinq, quelquefois dix ans. On me dira que cela tient sans doute à la hiérarchie qu'ils occupent parmi les montagnes ignivomes, hiérarchie qui leur permet de faire de l'aristocratie tout à leur aise : c'est vrai ; mais il ne faut pas moins en savoir gré à Stromboli de ne s'être pas abusé un instant sur sa position sociale, et d'avoir compris qu'il n'était qu'un volcan de poche auquel on ne ferait pas même attention s'il se donnait le ridicule de prendre de grands airs. A défaut de la qualité, Stromboli se retire donc sur la quantité.

Aussi ne nous fit-il pas attendre. A peine étions-nous depuis cinq minutes en expectative, qu'un grondement sourd se fit entendre, qu'une détonation pareille à une vingtaine de pièces d'artillerie qui éclateraient à la fois lui succéda, et qu'une longue gerbe de flamme s'élança dans les airs et redescendit en pluie de lave ; une partie de cette pluie retomba dans le cratère même du volcan, tandis que l'autre, roulant sur le talus, se précipita comme un ruisseau de flamme, et vint s'éteindre en frémissant dans la mer. Dix minutes après le même phénomène se renouvela, et ainsi de dix minutes en dix minutes pendant toute la nuit.

J'avoue que cette nuit est une des plus curieuses que j'aie passées de ma vie; nous ne pouvions nous arracher, Jadin et moi, à ce terrible et magnifique spectacle. Il y avait des détonations telles que l'air en semblait tout ému et que l'on croyait voir trembler l'île comme un enfant effrayé : il n'y avait que Milord que ce feu d'artifice mettait dans un état d'exaltation impossible à décrire; il voulait à tout moment sauter à l'eau pour aller dévorer cette lave ardente, qui retombait quelquefois à dix pas de nous pareille à un météore qui se précipiterait dans la mer.

Quant à notre équipage, habitué qu'il était à ce spectacle, il nous avait demandé si nous avions besoin de quelque chose; puis, sur notre réponse négative, il s'était retiré dans l'entrepont sans que les éclairs qui illuminaient l'air ni les détonations qui l'ébranlaient eussent l'influence de le distraire de son sommeil.

Nous restâmes ainsi jusqu'à deux heures du matin; enfin, écrasés de fatigue et de sommeil, nous nous décidâmes à rentrer dans notre cabine. Quant à Milord, rien ne put le déterminer à en faire autant que nous, et il resta toute la nuit sur le pont à rugir et à aboyer contre le volcan.

Le lendemain, au premier mouvement du speronare, nous nous réveillâmes. Avec le retour de la lumière, la montagne avait perdu toute sa fantasmagorie.

On entendait toujours les détonations ; mais la flamme avait cessé d'être visible ; et cette lave, ruisseau ardent la nuit, se confondait pendant le jour avec la cendre rougeâtre sur laquelle elle roulait.

Dix minutes après nous étions de nouveau en face du port. Cette fois on ne nous fit aucune difficulté pour l'entrée. Pietro et Giovanni descendirent avec nous ; ils voulaient nous accompagner dans notre ascension.

Nous entrâmes, non pas dans une auberge (il n'y en a pas à Stromboli), mais dans une maison dont les propriétaires étaient un peu parents de notre capitaine. Comme il n'eût pas été prudent de nous mettre en route à jeun, Giovanni demanda à nos hôtes la permission de nous faire à déjeuner chez eux tandis que Pietro irait chercher des guides; cette permission non-seulement nous fut accordée avec beaucoup de grâce, mais encore notre hôte sortit aussitôt et revint un instant après avec le plus beau raisin et les plus belles figues d'Inde qu'il avait pu trouver.

Comme nous achevions de déjeuner, Pietro arriva avec deux Stromboliotes qui consentaient, moyennant une demi-piastre chacun, à nous servir de guides. Il était déjà près de huit heures du matin : pour sauver au moins notre ascension de la trop grande chaleur, nous nous mîmes à l'instant même en route.

La cime de Stromboli n'est qu'à douze ou quinze cents pieds au-dessus du niveau de la mer; mais son inclinaison est tellement rapide qu'on n'y peut point monter d'une manière directe, et qu'il faut zigzaguer éternellement. D'abord, et en sortant du village, le chemin fut assez facile; il s'élevait au milieu de ces vignes chargées de raisins qui font tout le commerce de l'île, et auxquelles les grappes pendaient en si grande quantité que chacun en prenait à son plaisir sans en demander en rien la permission au propriétaire ; mais une fois sortis de la région des vignes, nous ne trouvâmes plus de chemins, et il nous fallut marcher à l'aventure, cherchant le terrain le meilleur et les pentes les moins inclinées. Malgré toutes ces précautions, il arriva un moment où nous fûmes obligés de monter à quatre pattes : ce n'était encore rien que de monter ; mais cet endroit franchi, j'avoue qu'en me retournant et en le voyant incliné presqu'à pic sur la mer, je demandais avec terreur comment nous ferions pour redescendre ; nos guides alors nous dirent que nous descendrions par un autre chemin : cela me tranquillisa un peu. Ceux qui ont le malheur d'avoir comme moi des vertiges dès qu'ils voient le vide sous leurs pieds comprendront ma question et surtout l'importance que j'y attachais.

Ce casse-cou franchi, pendant un quart d'heure à peu près la montée devint plus facile ; mais bientôt nous arrivâmes à un endroit qui au premier abord me parut infranchissable : c'était une arête parfaitement aiguë qui formait l'orifice du premier volcan, et qui, d'une part, se découpait à pic sur le cratère, et de l'autre descendait par une pente tellement rapide jusqu'à la mer, qu'il me semblait que si d'un côté je devais tomber d'aplomb, de l'autre côté je ne pouvais manquer de rouler du haut jusqu'en bas. Jadin lui-même, qui ordinairement grimpait comme un chamois sans jamais s'inquiéter de la difficulté du terrain, s'arrêta court en arrivant à ce passage, et demanda s'il n'y avait pas moyen de l'éviter. Comme on le pense bien, c'était impossible.

Il fallut en prendre notre parti. Heureusement la pente dont j'ai parlé se composait de cendres dans lesquelles on enfonçait jusqu'aux genoux, et qui, par leur friabilité même, offraient une espèce de résistance. Nous commençâmes donc à nous hasarder sur ce chemin, où un danseur de corde eût demandé son balancier, et, grâce à l'aide de nos matelots et de nos guides, nous le franchîmes sans accident. En nous retournant nous vîmes Milord qui était resté de l'autre côté, non pas qu'il eût peur des vertiges ni qu'il craignît de rouler ou dans le volcan ou dans la mer; mais il avait mis la patte dans la cendre, et il l'avait trouvée d'une température assez élevée pour y regarder à deux fois : enfin, lorsqu'il vit que nous continuions d'aller en avant, il prit son parti, traversa le passage au galop, et nous rejoignit visiblement inquiet de ce qui allait se passer après un pareil début.

Les choses se passèrent mieux, pour le moment du moins, que nous ne nous y attendions : nous n'avions plus qu'à descendre par une pente assez douce, et nous parvînmes, après dix minutes de marche à peu près, sur une plate-forme qui domine le volcan actuel. Arrivés sur ce point nous assistions à toutes ses évolutions ; et quelque envie qu'il en eût, il n'y avait plus moyen à lui d'avoir des secrets pour nous.

Le cratère de Stromboli a la forme d'un vaste entonnoir, au fond et au milieu duquel est une ouverture par laquelle entrerait un homme à peu près et qui communique avec le foyer intérieur de la montagne ; c'est cette ouverture qui, pareille à la bouche d'un canon, lance une nuée de projectiles qui, en retombant dans le cratère, entraînent avec eux sur sa pente inclinée des pierres, des cendres et de la lave, lesquelles, roulant vers le fond, bouchent cet entonnoir. Alors le volcan semble rassembler ses forces pendant quelques minutes, comprimé qu'il est par la clôture de sa soupape; mais au bout d'un instant sa fumée tremble comme haletante; on entend un mugissement sourd courir dans les flancs creux de la montagne; enfin la canonnade éclate de nouveau, lançant à deux cents pieds au-dessus du sommet le plus élevé de nouvelles pierres et de nouvelle lave qui, en retombant et en refermant l'orifice du passage, préparent une nouvelle irruption.

Vu d'où nous étions, c'est-à-dire de haut en bas, ce spectacle est superbe et effrayant; à chaque convulsion intérieure qu'éprouve la montagne, on la sent frémir sous soi, et il semble qu'elle va s'entr'ouvrir; puis vient l'explosion, pareille à un arbre gigantesque de flamme et de fumée qui secoue ses feuilles de lave.

Pendant que nous examinions ce spectacle, le vent changea tout à coup : nous nous en aperçûmes à la fumée du cratère, qui, au lieu de continuer à s'éloigner de nous comme elle avait fait jusqu'alors, plia sur elle-même comme une colonne qui faiblit, et, se dirigeant de notre côté, nous enveloppa de ses tourbillons avant que nous eussions eu le temps de les éviter; en même temps la pluie de lave et de pierres, cédant à la même influence, tomba tout autour de nous : nous risquions d'être à la fois étouffés par la fumée, et tués ou brûlés par les projectiles. Nous fîmes donc une retraite précipitée vers un autre plateau, moins élevé d'une centaine de pieds et plus rapproché du volcan, à l'exception de Pietro, qui resta un moment en arrière, alluma sa pipe à un morceau de lave, et, après cette fanfaronnade toute française, vint nous rejoindre tranquillement.

Quant à Milord, il fallut le retenir par la peau du cou, attendu qu'il voulait se jeter sur cette lave ardente, comme il avait l'habitude de le faire sur les fusées, les marrons et autres pièces d'artifice.

Notre retraite opérée, nous nous trouvâmes mieux encore dans cette seconde position que dans la première : nous étions rapprochés de l'orifice du cratère, qui n'était plus distant de nous que d'une vingtaine de pas et que nous dominions de cinquante pieds à peine. D'où nous étions parvenus, nous pouvions distinguer plus facilement encore le travail incessant de cette grande machine, et voir la flamme en sortir presque incessamment. La nuit, ce spectacle doit être quelque chose de splendide.

Il était plus de deux heures quand nous songeâmes à partir; il est vrai que nos gens nous avaient dit qu'il ne nous faudrait pas plus de trois quarts d'heure pour regagner le village. J'avoue que je n'étais pas sans inquiétude sur la façon dont s'exécuterait cette course si rapide; je sais que presque toujours on descend plus vite qu'on ne monte; mais je sais aussi, et par expérience, que presque toujours la descente est plus dangereuse que la montée. Or, à moins que de rencontrer sur notre chemin des passages tout à fait impraticables, je ne comprenais rien de pire que ce que nous avions vu en venant.

Nous fûmes bientôt tirés d'embarras. Après un quart d'heure de marche sous un soleil dévorant, nous arrivâmes à cette grande nappe de cendres que nous avions déjà traversée à son sommet, et qui descendait jusqu'à la mer par une inclinaison tellement rapide qu'il n'y avait que la friabilité du terrain même qui pût nous soutenir. Il n'y avait pas à reculer, il fallait s'en aller par là ou par le chemin que nous avions pris en venant. Nous nous aventurâmes sur cette mer de cendres. Outre sa position presque verticale, qui m'avait frappé d'abord, exposée tous les jours au soleil depuis neuf heures du matin jusqu'à trois heures de l'après-midi, elle était bouillante.

Nous nous y élançâmes en courant; Milord nous précédait, ne marchant que par bonds et par sauts, ce qui donnait à son allure une apparence de gaieté qui faisait plaisir à voir. Je fis remarquer à Jadin que de nous tous c'était Milord qui paraissait le plus content, lorsque tout à coup nous avisâmes la véritable cause de cette apparente allégresse; la malheureuse bête, plongée jusqu'au cou dans cette cendre bouillante, cuisait comme une châtaigne. Nous l'appelâmes; il s'arrêta bondissant sur place : en un instant nous fûmes à lui, et Jadin le prit dans ses bras.

Le malheureux animal était dans un état

déplorable : il avait les yeux sanglants, la gueule ouverte, la langue pendante ; tout son corps, chauffé au vif, était devenu rose-tendre ; il haletait à croire qu'il allait devenir enragé.

Nous-mêmes étions écrasés de fatigue et de chaleur : nous avisâmes un rocher qui surplombait et qui jetait un peu d'ombre sur ce tapis de feu. Nous gagnâmes son abri, tandis qu'un de nos guides allait à une fontaine, qu'il prétendait être dans les environs, nous chercher un peu d'eau dans une tasse en cuir.

Au bout d'un quart d'heure nous le vîmes revenir : il avait trouvé la fontaine à peu près tarie ; il avait cependant, moitié sable moitié eau, rempli notre tasse. Pendant sa course, le sable s'était précipité ; de sorte qu'en arrivant le liquide était potable. Nous bûmes l'eau, Jadin et moi ; Milord mangea la boue.

Après une halte d'une demi-heure, nous nous remîmes en route toujours courant, car nos guides étaient aussi pressés que nous d'arriver de l'autre côté de ce désert de cendres. Nos matelots surtout, qui marchaient nu-pieds, avaient les jambes excoriées jusqu'aux genoux.

Nous parvînmes enfin à l'extrémité de ce nouveau lac de Sodome, et nous nous retrouvâmes dans une oasis de vignes, de grenadiers et d'oliviers. Nous n'eûmes pas le courage d'aller plus loin. Nous nous couchâmes dans l'herbe, et nos guides nous apportèrent une brassée de raisins et plein un chapeau de figues d'Inde.

C'était à merveille pour nous; mais il n'y avait pas dans tout cela la moindre goutte d'eau à boire pour notre pauvre Milord, lorsque nous nous aperçûmes qu'il dévorait la pelure des figues et le reste des grappes de raisin. Nous lui fîmes alors part de notre repas, et, pour la première et la dernière fois de sa vie probablement, il dîna moitié figues moitié raisin.

J'ai eu souvent envie de me mettre à la place de Milord, et d'écrire ses mémoires comme Hoffmann a écrit ceux du chat Moar; je suis convaincu qu'il y aurait eu, vus du point de vue canin (je demande pardon à l'Académie du mot), des aperçus extrêmement nouveaux sur les peuples qu'il a visités et les pays qu'il a parcourus.

Un quart d'heure après cette halte nous étions au village, consignant sur nos tablettes cette observation judicieuse, que les volcans se suivent et ne se ressemblent pas : nous avions manqué geler en montant sur l'Etna, nous avions pensé rôtir en descendant du Stromboli.

Aussi étendîmes-nous, Jadin et moi, la main vers la montagne, et jurâmes-nous, au mépris du Vésuve, que Stromboli était le dernier volcan avec lequel nous ferions connaissance.

Outre les métiers de vigneron et de marchand de raisins secs qui sont les deux principales industries de l'île, les Stromboliotes font aussi d'excellents marins. Ce fut sans doute grâce à cette qualité que l'on fit de leur île la succursale de Lipari et le magasin où le roi Éole renfermait ses vents et ses tempêtes. Au reste, ces dispositions nautiques n'avaient point échappé aux Anglais, qui, lors de leur occupation de la Sicile, recrutaient tous les ans dans l'archipel lipariote trois ou quatre cents matelots.

CHAPITRE VI.

LA SORCIÈRE DE PALMA.

Le même jour, à quatre heures du soir, nous sortîmes du port. Le temps était magnifique, l'air limpide, la mer à peine ridée. Nous nous retrouvions à peu près à la même hauteur de laquelle nous avions découvert en venant, six semaines auparavant, les côtes de la Sicile; avec cette différence, que nous laissions Stromboli derrière nous, au lieu de l'avoir à notre gauche. De nouveau, nous apercevions à la même distance, mais sous un aspect différent, les montagnes bleues de la Calabre et les côtes capricieusement découpées de la Sicile, qui dominaient le cône de l'Etna, qui depuis notre ascension s'était couvert d'un large manteau de neige. Enfin, nous venions de visiter tout cet archipel fabuleux que Stromboli éclaire comme un phare. Cependant, habitués que nous étions déjà à tous ces magnifiques horizons, à peine jetions-nous sur eux, maintenant, un œil distrait. Quant à nos matelots, la Sicile, comme on le sait, était leur terre natale, et ils passaient indifférents et insoucieux au milieu des plus riches aspects de ces mers que depuis leur enfance ils avaient sillonnées dans tous les sens. Jadin, assis à l'arrière, à côté du pilote, faisait un croquis de Strombolino, fragment détaché de Stromboli par le même cataclysme peut-être qui détacha la Sicile de l'Italie, et qui achève de s'éteindre dans la mer; tandis que, debout et appuyé sur la couverture de la cabine, je consultais une carte géographique, cherchant quelle route je pouvais prendre pour revenir à travers les montagnes de Reggio à Cosenza. Au milieu de mon examen, je levai la tête et je m'aperçus que nous étions à la hauteur du cap Blanc; puis, reportant mes yeux de la terre sur la carte, je vis indiqué, comme éloigné de deux lieues à peine de ce promontoire, le petit bourg de Bauso. Ce nom éveilla aussitôt un souvenir confus dans mon esprit. Je me rappelai que dans nos bavardages du soir, pendant une de ces belles nuits étoilées que nous passions quelquefois tout entières couchés sur le pont, on avait raconté quelque histoire où se trouvait mêlé le nom de ce pays. Ne voulant pas laisser échapper cette occasion de grossir ma collection de légendes, j'appelai le capitaine. Le capitaine fit aussitôt un signe pour imposer silence à l'équipage, qui, selon son habitude, chantait en chœur ; ôta son bonnet phrygien, et s'avança vers moi avec cette expression de bonne humeur qui faisait le fond de sa physionomie.

— Votre excellence m'a appelé? me dit-il.

— Oui, capitaine.

— Je suis à vos ordres.

— Capitaine, ne m'avez-vous point, un jour ou une nuit, je ne sais plus quand, raconté quelque chose, comme une histoire, où il était question du village de Bauso?

— Une histoire de bandit ?

— Oui, je crois.

— Ce n'est pas moi, excellence ; c'est Pietro.

Et se retournant, il appela Pietro. Pietro accourut, battit un entrechat, malgré l'état déplorable où les cendres de Stromboli avaient mis ses jambes, et resta devant nous immobile et la main à son front comme un soldat qui salue, et avec une gravité pleine de comique.

— Votre excellence m'appelle ? demanda-t-il.

Au même instant tout l'équipage, pensant qu'il s'agissait d'une représentation chorégraphique, s'approcha de nous, et je me trouvai former le point central d'un demi-cercle qui embrassait toute la largeur du spéronare. Quant à Jadin, comme il avait fini son croquis, il poussa son album dans une des onze poches de sa veste de panne, battit le briquet, alluma sa pipe, monta sur le bastingage, se retenant de chaque main à un cordage, afin, autant que possible, d'être sûr de ne point tomber à la mer, et commença à suivre des yeux chaque bouffée qu'il expectorait avec l'attention grave d'un homme qui tient à acquérir des notions exactes sur la direction du vent. Au même instant, Philippe, le ménétrier de la troupe, qui, pour le moment, était occupé à peler des pommes de terre dans l'entrepont, passa la tête par une écoutille et, faisant trêve pour un instant à ses travaux culinaires, se mit à siffler l'air de la tarentelle.

— Il n'est pas question de danse pour le moment, dit le capitaine à Pietro; c'est sa seigneurie qui se rappelle que tu lui as parlé de Bauso.

— Oh! reprit Pietro, oui, oui; à propos de Pascal Bruno, n'est-ce pas? un brave bandit. Je me le rappelle bien. Je l'ai vu quand je n'étais pas plus grand que le gamin du capitaine. Quand il avait peur de ne pas dormir tranquille chez lui, il venait demander l'hospitalité à mon père pour une nuit. Il savait bien que ce n'étaient pas les pêcheurs qui le trahiraient. Alors, au moment où nous allions partir pour la pêche, nous le voyions descendre de la montagne; il nous faisait un signe, nous l'attendions, il se couchait au fond de la barque, sa carabine auprès de lui, ses pistolets à sa ceinture, et il dormait aussi tranquille que le roi dans son château, et pourtant sa tête valait 8,000 piastres.

— Blagueur! dit Jadin en laissant tomber l'accusation de toute sa hauteur et de tout son poids, entre deux bouffées de fumée.

— Comment! qu'est-ce qu'il dit? que c'est pas vrai, votre ami : demandez plutôt au capitaine Aréna.

— C'est vrai, dit le capitaine.

— Est-ce que vous ne pourriez pas nous raconter son histoire?

— Oh! son histoire, elle est longue.

— Tant mieux, répondis-je.

— C'est que je ne la connais pas bien, dit Pietro en se grattant l'oreille; et puis, comme je suis prévenu que tout ce que je vous dis sera imprimé un jour dans les livres, je ne voudrais pas vous conter de menteries, voyez-vous. Nunzio, Nunzio! A l'appel de Pietro, nous nous tournâmes vers le point où nous savions que devait être celui qu'il appelait, et nous vîmes en effet sa tête apparaître de l'autre côté de la cabine.

— Nunzio, lui dis-je, vous qui savez tout, savez-vous l'histoire de Pascal Bruno?

— Quant à ce qui est de tout savoir, dit le pilote avec le ton de gravité qui ne l'abandonnait jamais, il n'y a guère que Dieu qui, sans amour-propre, puisse se vanter d'en savoir si long, sans l'avoir appris. Mais, relativement à Pascal Bruno, je n'en sais pas grand' chose, si ce n'est qu'il est né à Calvaruso et qu'il est mort à Palerme.

— En ce cas, pilote, j'en sais encore plus que vous, dit Pietro.

— C'est possible, dit Nunzio en disparaissant graduellement derrière la cabine.

— Mais quel moyen y aurait-il donc, continuai-je en insistant, de se procurer des détails exacts sur cet homme? en connaissez-vous quelques-uns, vous, capitaine?

— Non, ma foi; tout ce que je sais, c'est qu'il était enchanté.

— Comment, enchanté?

— Oui, oui; il avait fait un pacte pour un temps avec le diable, de sorte que ni balles ni poignards ne pouvaient le tuer.

— Farceur de capitaine, dit Jadin en crachant dans la mer.

— Comment, repris-je répondant à la chose avec le même sérieux qu'elle avait été dite, vous croyez qu'on peut faire un pacte?

— Je n'en ai jamais fait pour mon compte, répondit le capitaine; mais voilà Pietro qui en a fait un.

— Comment, Pietro! vous avez vendu votre âme?

— Oh, que non pas! le diable en avait

bonne envie, dit Piétro ; mais le fils de ma mère est aussi fin que lui. Imaginez-vous, j'avais dix-huit ans ; j'étais ambitieux comme tout. Je voulais pêcher plus de poisson que n'en pêchaient mes camarades ; j'ai été pêcheur avant d'être matelot : donc, j'allai trouver une vieille sorcière, une strigge de Taormine ; elle me dit que je n'avais qu'à lui donner la moitié du poisson que je prendrais, et qu'elle me préparerait tous les soirs mes appâts. C'était dit. Ça dura un an. Pendant cette année-là j'en ai pris, du poisson, quatre fois plein ce bâtiment-ci, voyez-vous. Au bout de l'année je lui dis : Va toujours, heim, la mère. — Oui, qu'elle me dit ; mais cette année je veux t'enrichir. L'année passée tu n'as pêché que du poisson, cette année-ci je veux te faire pêcher du corail. — Non, mère, que je lui répondis ; j'ai un de mes camarades qui a été coupé en deux par un chien de mer, et je ne me sens pas de vocation pour ça. — Eh bien ! dit la vieille, tu me signeras un papier et je te donnerai un onguent avec lequel tu te frotteras, et les chiens de mer ne pourront rien sur toi. — Bon, bon, je lui ai dit ; je connais votre drogue, en voilà assez, n'en parlons plus. Je pris mon bonnet, je courus chez le curé, je lui fis chanter une messe et tout fut dit. Le lendemain, le surlendemain, je suis retourné à la pêche, bonsoir; pas un rouget. Alors, quand j'ai vu que ça ne mordait pas, je me suis fait marinier. Voilà quinze ans que je le suis. Et, comme vous le voyez, ça ne m'a pas mal profité, puisque j'ai l'honneur d'être au service de votre seigneurie.

— Vil flatteur, dit Jadin en lui donnant un coup de pied d'amitié dans le dos.

— Eh bien, capitaine! pour en revenir à Pascal Bruno; il paraît qu'il avait été moins scrupuleux que Pietro, lui.

— Oui, répondit gravement le capitaine; et la preuve, c'est que, quand on l'a pendu à Palerme, le diable a jeté un si grand cri en lui sortant du corps, que mon père, qui, en sa qualité de capitaine de milice, assistait à l'exécution, s'est sauvé à la tête de sa compagnie et que dans la bousculade on lui a volé sa giberne et les boucles d'argent de ses souliers. Ça, voyez-vous, par exemple, je peux vous le certifier, car il me l'a bien raconté cent fois.

— Écoutez, dit Pietro, qui, pendant le couplet du capitaine, paraissait avoir profondément réfléchi, voulez-vous des renseignements sûrs et certains?

— Mais sans doute, puisqu'il y a une heure que j'en demande.

— Eh bien, attendez. Nunzio, quand serons-nous à Messine?

— Ce soir, deux heures après l'Ave Maria.

— C'est cela, vers les neuf heures, voyez-vous. Eh bien! nous serons donc ce soir à Messine sur les neuf heures. Ça c'est l'Évangile, puisque le vieux l'a dit. Vous n'irez pas coucher à terre cette nuit, vu qu'il sera trop tard pour que le capitaine fasse viser sa patente; mais demain, au point du jour, vous pourrez descendre prendre une voiture, et, comme il n'y a que huit lieues de Messine à Bauso, vous y serez en trois heures.

— Pardieu! fis-je en l'interrompant, vous avez là une merveilleuse idée, mais je crois que j'en ai encore une meilleure.

— Et laquelle?

— N'allons pas à Messine et allons directement au cap Blanc; c'est à peu près la même distance, et le vent est favorable. Hé bien, qu'avez-vous donc?

Cette question était motivée par l'effet que ma proposition venait de produire sur l'équipage. Pietro et ses camarades, si gais il n'y avait qu'un instant, se regardaient avec une sorte d'épouvante. Philippe était rentré dans l'entrepont comme si le diable l'eût tiré par les pieds; le capitaine était devenu pâle comme un mort.

— Nous irons au cap Blanc si votre excellence l'exige, dit-il d'une voix altérée; nous sommes ici pour obéir à ses ordres; mais si la chose lui était égale, au lieu d'aller au cap Blanc, nous irions, comme nous en étions convenus d'abord, à Messine; nous lui en serions tous on ne peut plus reconnaissants. N'est-ce pas, les autres ?

Tous les matelots firent silencieusement un signe de tête approbatif.

— Puis-je au moins savoir le motif de votre répugnance ? demandai-je.

— Pietro vous contera cela ; il y était, lui.

— Eh bien, mes enfants, allons à Messine.

Le capitaine me prit la main et me la baisa. Pietro respira comme si on lui eût enlevé le Stromboli de dessus la poitrine, et le reste de l'équipage parut aussi joyeux que si j'avais donné dix piastres de gratification à chaque homme. On rompit aussitôt les rangs et chacun retourna à son poste ; à l'exception de Pietro, qui s'assit sur une barrique.

— En ce cas, dit Jadin en sautant du bastingage sur le pont, je ne vois plus aucun motif de ne pas faire frire des pommes de terre.

Et comme il comprenait assez médiocrement le patois sicilien, il descendit à la cuisine pendant que, pour ne pas perdre un mot de l'intéressant récit qui m'attendait, j'allai m'asseoir près de Pietro.

Voyez-vous, me dit Pietro, il y a onze ans de cela; nous étions en 1824. Le capitaine Aréna, pas celui-ci, son oncle, venait de se marier; c'était un beau jeune homme de vingt-deux ans, qui avait un petit bâtiment à lui avec lequel il faisait le commerce tout le long des côtes. Il avait épousé une fille du village della Pace; vous le connaissez bien, c'est le pays qui est entre Messine et le Phare, et dont nous sommes quasi tous. Nous avions fait une noce enragée pendant trois jours, et le quatrième, qui était un dimanche, nous étions allés au lac de Pantana. C'était le jour de la procession de Saint-Nicolas, procession à laquelle vous avez assisté cette année, et ce jour-là c'est grande fête. On descend sa chaise comme vous savez; on tire des feux d'artifice, des coups de fusil, et l'on danse. Antonio donnait le bras à sa femme, lorsqu'il sent qu'on le coudoie et qu'il entend prononcer son nom. Il se retourna ; c'était une femme couverte d'un voile de taffetas noir, comme vous avez pu voir que les Siciliennes en portent, mais pour sortir dans les rues et non pour aller aux fêtes. Il croit qu'il s'est trompé, il continue sa route. C'est bien. Cinq minutes après, même répétition ; on se coudoie de nouveau et on répète son nom. Cette fois-là il était bien sûr de son fait ; mais comme il était avec sa femme, il ne fait encore signe de rien. Enfin ça recommence une troisième fois. Oh ! pour le coup il perd patience. Tiens, Piétro, qu'il me dit, reste auprès de ma femme ; je vois là-bas quelqu'un à qui il faut que je parle. Je ne me le fais pas dire deux fois ; je prends la menotte de la mariée, je la passe sous mon bras, et me voilà fier comme un paon de promener la femme de mon capitaine. Quant à lui, il était filé.

Tout en marchant, nous arrivons auprès d'un ménétrier qui jouait la tarentelle sur sa guitare. Quand j'entends ce diable d'air, vous savez, je n'y peux pas tenir ; faut que je saute. Je propose la petite contredanse à la femme du capitaine : nous nous mettons en face l'un de l'autre, et allez. Au bout de cinq minutes, on faisait cercle autour de nous. Tout à coup, parmi ceux qui nous regardent, j'aperçois le capitaine Antonio, mais si pâle, si pâle, que je crus, ma parole d'honneur, que c'était son ombre. J'en perds la mesure, et je tombe d'aplomb les deux talons sur les pieds du pilote. Ah! je lui dis, je vous demande excuse, Nunzio, c'est une crampe qui me prend. Dansez donc un instant à ma place. Il est très-complaisant, tel que vous le voyez, le pilote, et si dur au mal que c'est un bœuf pour la constance. Il se mit à danser sur un pied ; je lui avais écrasé l'autre. Pendant ce temps, je fais un signe au capitaine ; il vient à moi. — Hé bien, lui dis-je, qu'est-ce qu'il y a donc ?

— Je l'ai revue.

— Qui ?

— Giulia.

— La jolie sorcière ?

— Oui.

— Que vous a-t-elle dit ?

— Rien ; des folies.

— Est-ce qu'elle vous aime toujours?

— Je ne sais ; mais j'ai eu tort de la suivre. Où est ma femme?

— Ne la voyez-vous pas? elle danse la Tarentelle avec Nunzio.

— Ah! oui, c'est vrai. Crois-tu que ce qu'on raconte d'elle soit vrai?

— De votre femme?

— Non, de Giulia. Crois-tu qu'elle soit sorcière?

— Dam! on dit qu'à Palma elles sont toutes des strigges. Le capitaine se passa la main sur le front. Il suait à grosses gouttes. Dans ce moment la tarentelle finissait. Sa femme vint reprendre son bras. Antonio lui proposa de revenir à sa maison. Elle ne demandait pas mieux : une nouvelle mariée, vous comprenez, ça ne hait pas le tête-à-tête. Le capitaine me fit un signe qui signifiait : Pas un mot! Je répondis par un autre signe qui voulait dire : Ça suffit. Et nous nous tournâmes le dos comme si nous ne nous étions jamais vus.

— Mais qu'est-ce que c'était que Giulia? interrompis-je.

— Ah! voilà. Vous saurez qu'il y avait un an à la fête de Palma, où le capitaine Aréna Antonio, toujours l'oncle du nôtre...

— Je comprends bien.

— Était allé malgré nous, il prit parti pour une jeune fille qu'un matelot calabrais insultait : ça commença par des mots et ça finit par un coup de couteau que reçut le capitaine, mais un mauvais coup; trois pouces de fer. Heureusement c'était du côté droit; si ça avait été aussi bien du côté gauche le cœur était percé. On l'avait donc porté chez une vieille femme, et on avait fait venir le médecin, un brave médecin. Oh! oh! s'il était dans une grande ville il ferait sa fortune; mais à Palma il n'y a pas assez de malades; de sorte qu'il est obligé de faire un peu de tout. Il ferre les chevaux, il donne à boire, il....

— Parfaitement, je suis fixé.

— Il vit le capitaine, il l'examina, il fourra

le doigt dans la plaie. Il n'y a rien à faire, dit-il; tous les médecins de Catanzaro et de Cosenza seraient là, qu'ils n'y feraient ni chaud ni froid; c'est un homme perdu; tournez-lui le nez du côté du mur et qu'il meure tranquille. Ce sont les gens qui étaient là qui ont répété depuis ses propres paroles au capitaine. Il n'entendait rien du tout, lui; il était sans connaissance, et pourtant il souffrait comme un damné. Ce qui fut dit fut fait: on alluma un cierge près de son lit, et la vieille se mit à dire son rosaire dans un coin : on le croyait mort.

Sur la mi-nuit, voilà que le capitaine, qui avait toujours les yeux fermés, sent quelque chose comme du mieux. Il respirait, quoi! il lui semblait, il m'a raconté ça vingt fois, pauvre capitaine, il lui semblait qu'on lui ôtait la cathédrale de Messine de dessus la poitrine. Ça lui faisait du bien et puis du bien, tant qu'il ouvrit les yeux et qu'il crut qu'il rêvait. La vieille s'était endormie dans un coin en marmottant ses prières; et à la lueur du cierge qui veillait, il vit une jeune fille penchée sur lui : elle avait la bouche appuyée contre sa poitrine et elle suçait sa plaie. Comme la fenêtre était ouverte et qu'il voyait un beau ciel étoilé, il crut que c'était un ange qui était descendu d'en haut. Alors il ne dit rien et la laissa faire, car il avait peur, s'il parlait, que la jeune fille ne disparût. Au bout d'un instant, elle détacha sa bouche de la plaie, prit dans un petit mortier une poignée d'herbes pilées et en pressa le suc sur la blessure, après quoi elle plia son mouchoir en quatre et le lui posa sur la plaie en guise d'appareil; enfin, voyant qu'il ne bougeait pas, elle approcha sa figure de la sienne, comme pour sentir s'il respirait. C'est alors seulement que le capitaine reconnut la jeune fille pour laquelle il s'était battu; il voulut parler, mais elle lui mit la main sur la bouche et, portant le doigt à ses lèvres, elle lui indiqua qu'il fallait qu'il gardât le silence; puis, se retirant sans bruit, comme si elle glissait sur la terre au lieu de marcher, elle ouvrit la porte et disparut. Le capitaine, oh! il me l'a dit, et ce n'était pas un menteur, crut que c'était un rêve; il mit la main sur sa blessure pour voir si elle était véritable ; il sentit le mouchoir mouillé ; il lui sembla alors qu'en le pressant contre sa poitrine il éprouvait du soulagement, et c'était vrai, à ce qu'il paraît, puisqu'il s'endormit d'un sommeil si tranquille qu'il se réveilla le lendemain dans la même position et la main toujours au même endroit.

A peine avait-il ouvert les yeux, que le médecin entra.

— Eh bien, la mère, dit-il, notre malade est-il mort ?

— Ma foi, je ne sais pas, dit la vieille; seulement je sais qu'il n'a pas souffert.

Le capitaine fit un mouvement dans son lit.

— Ah ! le voilà qui remue, dit le médecin ; eh bien, je vous en réponds, le gaillard a la vie dure ! A ces mots, il s'approcha du lit, le blessé se retourna de son côté. — Diable, dit le médecin, nous avons bon œil, ce me semble ?

— Oui, docteur, dit le capitaine, ça ne va

pas mal, et, si ce n'était que je ne sais ce que j'ai fait de mes jambes, je pourrais marcher.

— Ah! fit le docteur, c'est la fièvre qui se soutient... Voyons un peu cela.

Le capitaine lui tendit le bras, le docteur lui tâta le pouls. — Pas de fièvre, dit-il; qu'est-ce que cela veut dire? voyons la blessure.

Le capitaine retira sa main qu'il avait constamment tenue sur sa poitrine, le médecin souleva le linge, la blessure était ouverte encore mais dans le meilleur état possible. Alors il vit qu'il s'était trompé et que le malade en reviendrait. Il envoya aussitôt chercher des drogues, prépara un emplâtre et le lui appliqua sur le cou, en lui disant de se tenir tranquille et que tout irait bien. Deux heures après, le capitaine avait une fièvre de cheval; il souffrait tant qu'un autre en aurait jeté des cris; mais, comme il était né courageux, il se mordait les poings en disant : C'est pour ton bien, Antonio, il faut souffrir pour guérir, mon bon ami; ça t'apprendra à te mêler des choses qui ne te regardent pas; puis il disait ses prières pour ne pas jurer. Ça alla comme ça toujours en augmentant jusqu'à la nuit; enfin, écrasé de fatigue, il s'endormit.

A minuit à peu près, car vous pensez bien qu'il n'avait pas songé à remonter sa montre, il sentit une douleur si vive qu'il se réveilla : c'était la jeune fille de l'autre nuit qui était revenue et qui arrachait l'appareil du docteur. Elle lui fit signe, comme la veille, de se taire; elle tira de sa poitrine un petit flacon, et laissa tomber sur sa plaie quelques gouttes d'une liqueur verdâtre. Ça lui éteignit le feu qu'il avait dans la poitrine, puis, comme la veille, elle prit des herbes pilées, mais cette fois elle les lui mit sur la blessure, les y assujettit avec une bande, et, comme il étendait les bras vers elle, elle lui fit encore signe de ne pas s'agiter et disparut ainsi que la première fois. Le capitaine se sentait rafraîchi comme si on l'avait mis dans un bain de lait. Plus de douleur, plus de fièvre, rien que la maudite faiblesse. Enfin il se rendormit.

Il n'était pas encore réveillé le lendemain, quand le docteur lui fit sa visite. Au bruit de ses pas, il ouvrit les yeux. — De mieux en mieux, dit le médecin; bon œil; tirez la langue, bonne langue ; donnez la main, bon pouls : voyons la blessure.

— Ah! dit le capitaine en levant la compresse d'herbes et la bande qui la retenait, l'appareil s'est dérangé pendant la nuit.

— N'importe, voyons toujours.

La blessure allait à merveille, elle était presque fermée. Le docteur proposa un second emplâtre pareil à l'autre et chargea la vieille de l'appliquer sur le côté du malade. Mais à peine eut-il le dos tourné, que le capitaine, qui se rappelait ce qu'il avait souffert la veille, jeta le diable d'emplâtre par la fenêtre, remit sur sa blessure les herbes toutes sèches qu'elles étaient, et, comme il se sentait bien, il demanda à prendre un bouillon; mais la vieille lui dit que c'était chose défendue. Il n'y avait pas à dire, il fallait s'en priver ; il passa par tout ce qu'on voulut, et, comme ça allait de mieux en mieux, le soir il dit à la vieille qu'elle pouvait se coucher, qu'il n'avait plus à faire de personne, qu'elle laissât seulement la lampe allumée et que s'il avait besoin d'elle il l'appellerait. La vieille ne demandait pas mieux, elle fit ce que désirait le capitaine, et elle le laissa seul.

Cette fois, au lieu de s'endormir, il demeura les yeux ouverts et fixés sur la porte. A minuit elle s'ouvrit comme d'habitude, et la jeune fille s'avança vers lui.

— Vous ne dormez pas? dit-elle au capitaine.

— Non, je vous attends.

— Et comment vous trouvez-vous?

— Oh! bien, toute la journée et encore mieux maintenant.

— Votre blessure?

— Voyez, elle est fermée.

— Oui.

— Grâce à vous, car c'est vous qui m'avez sauvé.

— C'était bien le moins que je vous soignasse; c'était pour moi que vous aviez été blessé : grâce à Dieu, vous êtes guéri.

— Si bien guéri, répondit le capitaine, qui ne perdait pas de vue son bouillon, que je meurs de faim, je vous l'avouerai.

La jeune fille sourit, tira le flacon de la veille, seulement cette fois la liqueur qu'il contenait était rouge comme du vin; elle le vida dans une petite tasse qu'elle prit sur la cheminée et la présenta au capitaine.

Quoique ce ne fût pas cela qu'il demandait, il la prit tout de même, y goûta d'abord du bout des lèvres, mais, sentant que c'était doux comme du miel, il l'avala d'une seule gorgée. Si peu de chose que ce fût, ça lui endormit l'estomac; c'est unique : à peine la valeur d'un petit verre de rosolio! Ce n'était pas tout, bientôt il sentit une bonne chaleur qui lui courait par tout le corps, il se croyait dans le paradis. Pauvre capitaine, il regardait la jeune fille, il lui parlait sans savoir ce qu'il disait : enfin, sentant que ses yeux se fermaient, il lui prit la main et s'endormit.

— N'était-ce point la même liqueur, demandai-je, que, dans une occasion semblable, l'aubergiste Matteo donna à Gaetano-Sferra?

— Juste la même. Il a habité ces pays-là, le vieux, et il a connu la pauvre fille, qui lui a donné sa recette; il faut croire, au reste, que c'est une boisson enchantée, car le capitaine fit des rêves d'or : il croyait être à la pêche du corail du côté de Pantellerie, et il en pêchait des branches magnifiques; il en avait plein son bâtiment, il ne savait plus où en mettre : enfin il fallait bien se décider à aller le vendre. Il partait pour Naples et il avait un petit vent de demoiselle qui le poussait par derrière comme avec la main. En arrivant dans le port, ses cordages étaient en soie, ses voiles en taffetas rose et son bâtiment en bois d'acajou. Le roi et la reine, qui étaient prévenus de son arrivée, l'attendaient et lui faisaient signe de la main. Enfin, il descendait à terre, on l'amenait au palais, et là on lui faisait boire du Lacryma-Christi dans des verres taillés, et manger du macaroni dans des soupières d'argent; c'était un rêve enfin : on lui achetait son corail plus cher qu'il ne voulait le vendre, et il revenait riche *richissime*; et toute la nuit, il n'y a pas à dire, toute la nuit comme ça.

— Il avait pris de l'opium ? interrompis-je.

— C'est possible. Si bien que le lendemain, lorsqu'on le réveilla, il se croyait le grand Turc. Mais quand la vieille entra, il vit bien qu'il se trompait; il se rappela qu'il était tout bonnement le capitaine Antonio Aréna, qu'il avait été blessé, et que ce qu'il prenait pour du vin du Vésuve et du macaroni, était tout bonnement quatre gouttes d'une liqueur rouge qu'une jeune fille lui avait versée dans la tasse qui était encore sur la chaise auprès de son lit; mais il ne dit pas un mot de la chose, il demanda seulement à se lever, on lui mit un fauteuil à côté de sa croisée, il prit un bâton et, ma foi, tant bien que mal il marcha : c'était crâne, tout de même, trois jours après avoir reçu un coup de couteau pareil; enfin il avait l'air d'un président quand le docteur entra : il n'en revenait pas, pauvre cher homme, c'était la plus belle cure qu'il eût faite de sa vie. Il s'assit auprès de son malade.

Eh bien! capitaine, lui dit-il, il paraît que ça va de mieux en mieux?

— Vous voyez, docteur, parfaitement.

— Oh! il n'y a pas besoin de vous tâter le pouls, ni de vous regarder la langue; il n'y a plus que patience à avoir, et les forces reviendront. Mais quand elles seront revenues, si j'ai un conseil à vous donner, c'est de ne plus vous battre pour toutes les sorcières que vous rencontrerez, parce qu'il y en a quelques-unes en Calabre, voyez-vous!

— Qu'est-ce que vous dites?

— Je dis que celle pour laquelle vous avez reçu le coup de couteau dont ma science vient de vous guérir, ne valait pas la vie qu'elle a failli vous coûter.

— Comment?

— Vous ne la connaissez pas?

— Non.

— Eh bien, c'est Giulia.

— Giulia! c'est son nom? après?

— Eh bien après... c'est le nom d'une sorcière ! voilà tout.

— Elle ! elle est sorcière ! — Le capitaine pâlit. — Puis, comme il n'était pas convaincu encore : — Sorcière ? reprit-il : docteur, en êtes-vous bien sûr ?

— Sûr comme de mon existence : c'est une fille sans père ni mère d'abord. Puis, voyez-vous, elle a été élevée par un vieux berger, un jeteur de sorts, un empoisonneur enfin.

— Mais ce n'est pas une raison pour que cette pauvre fille.....

— Cette pauvre fille est une strigge, vous dis-je ; moi, je l'ai rencontrée dans les champs la nuit, en temps de pleine lune, cherchant les herbes et les plantes avec lesquelles elle fait les maléfices. Quand il arrive un malheur sur la montagne ou sur la plage, qu'un marinier se noie ou qu'un homme reçoit un coup de couteau, elle va les trouver la nuit ; elle les fait revenir avec des paroles magiques ; elle leur donne des breuvages composés avec des plantes inconnues, et, quand les malades sont près de guérir, elle leur fait signer un pacte. — Eh bien, qu'avez-vous donc, capitaine? vous devenez blanc comme un linge.— Une sueur! oh! oh! c'est de la faiblesse. Voyez-vous, vous vous êtes levé trop tôt. C'est égal, cela ira bien demain, je viendrai vous voir.

— Docteur, dit le capitaine, je voudrais régler mon compte avec vous.

— Bah, ce n'est pas pressé, répondit le docteur.

— Si fait, si fait.

— Eh bien, mais vous savez d'où je vous ai tiré; vous me donnerez ce que vous voudrez, ce que vous croyez que ça mérite; je ne fais jamais de prix, moi.

— Un ducat par visite, est-ce bien, docteur?

— Va pour un ducat par visite.

— Le capitaine lui donna trois ducats, et le docteur sortit.

Un quart d'heure après nous arrivâmes, à trois mariniers de l'équipage du capitaine. Nunzio, mon pauvre frère et moi, nous avions appris l'accident le jour même, et nous avions sauté dans notre barque. Oh! une petite barque soignée, allez, qui filait comme une hirondelle, et nous avions fait la traversée della Pace à Palma, il y a neuf grandes lieues, il faut vous dire, en trois heures et demie, pas une minute avec; c'est bien aller, cela, hein !

— Très-bien ; mais il me semble que vous vous écartez de votre récit, mon cher Pietro.

— C'est juste. Ah, dit le capitaine en nous apercevant, soyez les bienvenus. Pauvre capitaine! nous lui baisions les mains comme du pain. Voyez-vous, on nous avait dit qu'il était mort, et nous le retrouvions non-seulement vivant, mais encore levé et avec une bonne mine ; c'est-à-dire que nous ne nous tenions pas de joie.

—Ce n'est pas tout cela, mes enfants, qu'il nous dit ; vous êtes venus avec la barque.

— Oui.

— Eh bien, il faut la tenir prête pour repartir tous ensemble cette nuit.

— Cette nuit ?

— Chut !

— Capitaine, vous n'y pensez pas, blessé comme vous êtes.

—Il le faut, je vous dis ; pas de raisons, pas de propos, pas d'observations ; quand je vous dis qu'il faut partir, c'est qu'il faut partir.

— Mais si le vent est mauvais ?

— Nous irons à la rame, et ça quand je devrais m'y mettre moi-même.

— Vous, capitaine, allons donc ; c'est bon pour vous amuser, quand vous vous portez bien et qu'il y a bonace ; mais quand vous êtes blessé, ça serait beau.

— Ainsi, c'est convenu.

— Convenu.

— Faites venir du vin, et du meilleur; c'est moi qui paie.

Nous fîmes venir du petit vin de Calabre et des marrons; voyez-vous, quand vous y passerez, en Calabre, n'oubliez pas cela; car il n'y a que cela de bon dans le pays, le muscat et les châtaignes. Quant aux hommes, de véritables brigands, qui ont trahi Joachim, et qui l'ont fusillé après.

— Mais il me semble, repris-je, que vous en voulez beaucoup aux Calabrais.

— Oh! entre eux et nous c'est une guerre à mort; je vous en raconterai sur eux, soyez tranquille; mais pour le moment revenons au capitaine; il prit plein un dé à coudre de vin; ça lui fit un bien infini. Il sentait ses forces revenir, que c'était une bénédiction; enfin, à huit heures, nous le quittâmes pour aller tout préparer. A onze heures nous étions revenus : il s'impatientait beaucoup, le capitaine; il était levé et prêt à partir.

— Ah! dit-il, j'avais peur que vous ne tardassiez jusqu'à minuit, — filons.

— Sans rien dire à personne?

— J'ai payé le médecin, et voilà deux piastres pour la vieille.

— Vous faites les choses grandement, capitaine.

— Pourvu qu'il me reste en arrivant à la Pace deux carlins pour faire dire une messe, c'est tout ce qu'il me faut. En route.

— Oh! avec votre permission, capitaine, vous ne marcherez pas, nous vous porterons.

— Comme vous voudrez ; mais partons.

Nunzio le prit sur son dos comme on prend un enfant, et, attendu que nous n'étions pas à plus de cent pas de l'endroit où nous avions amarré le canot, en dix minutes nous fûmes arrivés. Au moment où nous posions le capitaine dans la barque, nous vîmes une figure blanche se lever lentement sur un des rochers du rivage; elle nous regarda un instant, puis elle nous sembla glisser le long de la grande pierre, et elle vint vers nous. Pendant ce temps nous poussions la péniche à la mer, ce qui lui donna le temps de s'approcher; elle n'était plus qu'à quinze pas à peine, lorsque le capitaine l'aperçut.

— La barque est-elle à flot? s'écria-t-il en se soulevant, et d'une voix aussi forte que s'il était plein de santé.

— Oui, capitaine, répondîmes-nous tous ensemble.

— Eh bien, à la rame, mes amis, et au large, vivement au large.

La femme poussa un cri : nous nous retournâmes.

— Qu'est-ce que cette femme? demanda Nunzio.

— Une sorcière, répondit le capitaine en faisant le signe de la croix.

Le canot bondit sur la mer, emporté comme s'il avait des ailes ; quant à la pauvre créature que nous laissions en arrière, nous la vîmes s'affaisser sur le sable, et elle y resta étendue comme si elle était morte.

Quant au capitaine, il était retombé évanoui au fond de la barque.

CHAPITRE VII.

UNE TROMBE.

A table, dit Jadin en reparaissant sur le pont une langouste d'une main, un plat de pommes de terre de l'autre et une bouteille de vin de Syracuse sous chaque bras. Mais ce jour-là Jadin mangea seul; le capitaine était triste, et il était facile de voir que sa tristesse venait des souvenirs que j'avais éveillés en lui par ma proposition d'aller au cap Blanc. Quant à moi, j'étais préoccupé du récit de Pietro, dans lequel je cherchais la réalité sous la teinte trompeuse dont il l'avait recouverte. Du reste, les obscurités jetées sur certaines parties, obscurités que l'esprit superstitieux du narrateur, au lieu d'éclaircir, épaississait à chaque question nouvelle, la difficulté que j'éprouvais même parfois à comprendre le patois dans lequel le récit m'était fait, tout concourait à faire porter aux individus qui s'agitaient, dans ce drame simple mais sûr, une scène immense, et, dans ce cadre gigantesque, des ombres poétiques qui paraîtraient d'une forme insolite et d'une couleur étrange au milieu de notre civilisation. J'éprouvais, du reste, un charme extrême à voir, aux mêmes lieux qu'habitaient autrefois les croyances profanes, errer aujourd'hui comme des ombres du moyen âge, les superstitions chrétiennes qui, exilées de nos villes et de nos villages, se réfugient sur l'Océan et enveloppent d'une même atmosphère le vaisseau du matelot breton qui vogue vers le Nouveau-Monde, et la barque du marinier de la Méditerranée qui rame vers l'Ancien. Je tenterai donc de faire partager à mes lecteurs les sensations que j'ai éprouvées sans les rationaliser pour eux plus que je ne suis parvenu à le faire pour moi; afin que, blasés comme ils le sont et comme je l'étais sur ces faits positifs de la politique et sur les découvertes exactes de la science, ils respirent comme moi le souffle de cette atmosphère nouvelle, au milieu de laquelle les hommes et les choses perdent leurs contours secs et arrêtés pour nous apparaître avec le vague, la mélancolie et le charme que répandent sur eux la distance, la vapeur et la nuit.

On comprendra donc facilement qu'aussitôt, et même avant la fin du dîner, je me levai et fis signe à Pietro de me suivre. Nous allâmes nous asseoir à l'avant du bâtiment et, tendant la main vers l'horizon, je lui montrai sur les côtes de la Calabre Palma qui se dorait aux derniers rayons du soleil.

— Oui, oui, me dit-il, je vous comprends, et je n'ai même rien mangé de peur que mon dîner ne m'étouffe en vous racontant ce qui me reste à vous dire, parce que c'est le plus triste, voyez-vous.

— Vous en étiez à l'évanouissement du capitaine.

— Oh! il ne fut pas long, la fraîcheur de la nuit le fit bientôt revenir. Nous arrivâmes sur les quatre heures au village; le même matin, Antonio se confessa; huit jours après, il fit dire une messe, et au bout d'un an, comme je vous l'ai raconté, il épousa sa cousine Francesca.

— N'avait-il pas revu Giulia pendant cet intervalle?

— Non, mais il avait souvent entendu parler d'elle. Depuis l'aventure du coup de couteau elle était devenue encore plus errante et plus solitaire qu'auparavant ; et on disait qu'elle aimait le capitaine : vous jugez bien l'effet que ça lui fit quand il la rencontra près du lac, et qu'il n'est pas étonnant qu'il soit revenu de son entrevue avec elle, si pâle et si effaré.

Il faut vous dire qu'au moment de se marier le capitaine allait faire un petit voyage ; nous devions transporter à Lipari une cargaison d'huile de Calabre, et le capitaine avait retardé sa traversée afin de pouvoir charger en repassant de la passoline à Stromboli ; de cette manière il n'y avait rien de perdu, ni allée ni retour, et il avait profité du moment qu'il avait à lui pour se marier avec sa cousine, qu'il aimait depuis long-temps.

Trois ou quatre jours après sa rencontre avec Giulia, il me fit venir.

—Tiens, Pietro, me dit-il, va-t'en à Palma à ma place, tu t'entendras avec M. Piglia sur le jour où l'huile sera envoyée à San-Giovanni, où il est convenu que nous l'irons prendre. Tu comprends pourquoi je n'y vas pas moi-même. — C'est bon, c'est bon, capitaine, répondis-je, j'entends : la sorcière, n'est-ce pas?

— Oui.

— Eh bien! soyez tranquille, la chose sera faite en conscience. En effet, le lendemain je pris la barque; je dis à mon frère et à Nunzio de m'accompagner, et nous partîmes. Arrivé à Palma, je les laissai à bord et je montai chez M. Piglia. Oh! avec lui les arrangements sont bientôt faits; c'est un homme fidèle comme sûr, M. Piglia. Au bout de cinq minutes tout était fini, et j'aurais pu revenir s'il ne m'avait pas gardé à dîner. Il est comme ça, lui, riche à millions, mais pas fier; il fait mettre un matelot à sa table, et il trinque avec lui. Dam, nous avions trinqué pas mal. Tout à coup, j'entends sonner neuf heures à la pendule; ça me rappelle que les autres m'attendent. — Eh bien! dis-je, c'est convenu, M. Piglia; d'aujourd'hui en huit jours l'huile sera à San-Giovanni. — Oh! mon Dieu, vous pouvez l'aller prendre, qu'il me répond. — Alors, je me lève, je salue la société, et je m'en vas.

Il faisait nuit noire tout à fait; mais je connaissais mon chemin comme ma poche. Je pris une petite pente qui conduisait droit à la mer, et je me mis en route en sifflant. Tout à coup j'aperçois devant moi quelque chose de blanc, qui était assis sur un rocher; je m'arrête, ça se lève; je continue mon chemin, ça se met en travers de ma route. Oh! oh! que je dis, il y a du louche là-dedans; les demoiselles qui se promènent à cette heure-ci ne sont pas sorties pour aller à confesse. C'est drôle au moins, moi, Pietro, qui n'ai pas peur d'un homme, ni de deux hommes, ni de dix hommes, voilà que je sens mes jambes qui tremblent, et puis une sueur froide qui me prend à la racine des cheveux, que j'en frissonne encore. C'est égal, je vas toujours. — Vous devinez que c'était la sorcière, n'est-ce pas?

— Sans doute.

— Eh bien! elle ne bougeait pas plus qu'une borne; mais ce n'est pas là l'étonnant; c'est qu'en arrivant près d'elle : — Pietro, qu'elle me dit — elle savait mon nom, comprenez-vous? — Eh bien! oui, Pietro, que je réponds, après?...

— Pietro, répéta-t-elle, tu fais partie de l'équipage du capitaine Aréna.

— Pardieu! belle malice! C'est connu, ça; si vous n'avez pas autre chose à m'apprendre, ce n'est pas la peine de m'arrêter.

— Tu l'aimes.

— Oh! ça, comme un frère.

— Eh bien! dis-lui de ne faire aucun voyage

pendant cette lune-ci; c'est tout. Ce voyage lui serait fatal, à lui et à ses compagnons.

— Bah! vous croyez?

— J'en suis sûre.

— Eh bien! je lui dirai ça.

— Tu me le promets?

— Ma parole.

— C'est bien, passe.

Alors elle se dérangea ; je me fis mince pour ne pas la toucher; je continuai ma route pendant vingt pas, pas plus vite les uns que les autres, pour ne pas avoir l'air d'avoir peur; mais, au premier tournant, je pris mes jambes à mon cou; et je détale un peu vite, allez, quand je m'y mets.

— Oui, oui; je connais vos moyens.

La barque m'attendait. Quand Nunzio et mon frère me virent arriver tout essoufflé, ils se doutèrent bien qu'il y avait quelque chose ; alors ils me prirent chacun par un bras pour m'aider à monter plus vite, et ils se mirent à ramer comme s'ils faisaient la pêche de l'espadon. Ça n'aurait pas pu durer long-temps comme cela ; mais une fois hors de la crique le vent s'éleva, nous hissâmes la voile et nous arrivâmes vivement au village. J'avais envie d'aller éveiller le capitaine tout de suite, mais je pensai que le lendemain matin il serait temps. Dailleurs je ne voulais rien dire devant sa femme. Le lendemain j'allai le trouver et je lui contai l'affaire.

—Elle m'a déjà dit la même chose, me répondit-il.

Eh bien ! est-ce que vous n'attendrez pas l'autre lune, capitaine ?

Impossible. On commence déjà à faire sécher la passoline, et si nous attendions plus long-temps nous arriverions derrière les autres, ce qui fait que nous aurions plus mauvais et plus cher.

— Dam, c'est à vous de voir.

— C'est tout vu. Tu dis que samedi prochain les huiles seront à San-Giovanni, n'est-ce pas ?

— Samedi prochain.

— Eh bien! samedi prochain nous chargerons, et lundi à la voile.

— C'est bien, capitaine.

Je ne fis pas d'autres observations : je savais qu'une fois qu'il avait arrêté une chose dans sa tête, il n'y avait ni dieu ni diable qui pût le faire changer de résolution ; aussi il ne fut plus ouvert la bouche de la chose: le samedi à cinq heures du matin nous allâmes charger à San-Giovanni, à huit heures du soir les cinquante barriques d'huile étaient à bord, et à minuit nous étions de retour à la Pace. Le capitaine trouva sa femme en larmes, il lui demanda pourquoi elle pleurait, et alors elle lui raconta qu'au jour tombant elle était montée dans le jardin pour aller cueillir des figues d'Inde : le temps d'en ramasser plein son tablier et la nuit était tombée ; en revenant elle avait rencontré sur la route une femme enveloppée d'un grand voile de laine blanche, et cette femme lui avait dit que si son mari partait avant la nouvelle lune il lui arriverait malheur.

— C'était toujours Giulia? demandai-je.

Vous jugez, pauvre femme, l'état où elle était. Le capitaine la tranquillisa tant bien que mal, car il n'était pas trop rassuré lui-même; et au fait il n'y avait pas de quoi l'être. Mais Francesca eut beau dire et beau faire, Antonio ne voulut entendre à rien: le bâtiment était chargé, le prix était fait, le jour arrêté, c'était fini; tout ce qu'elle put obtenir c'est qu'il entendrait avec elle le lendemain une messe qu'elle avait été commander à l'église des Jésuites à l'intention de son heureux voyage.

Le lendemain, qui était un dimanche, ils allèrent tous les deux à l'église, la messe était pour huit heures : quelques minutes avant qu'elles ne sonnassent ils étaient arrivés; ils se mirent à genoux et commencèrent à dire leurs prières. Lorsqu'ils eurent fini, ils levèrent la tête, et au milieu du chœur ils virent une bière couverte d'un drap noir avec des cierges tout autour : un enfant de chœur vint les allumer, et Antonio lui demanda quelle était la messe qu'on allait dire. L'enfant de chœur répondit que c'était celle commandée par la femme du capitaine, et, comme en ce moment le prêtre montait à l'autel, il ne lui fit pas d'autre question. Au même instant la messe commença.

Aux premières paroles que prononça le prêtre le capitaine et sa femme se regardèrent en pâlissant. Cependant tous deux se remirent à prier; mais lorsque les chantres entonnèrent le *De profundis*, la pauvre Francesca ne put résister plus long-temps à sa terreur, elle jeta un cri et s'évanouit. Ce cri était si douloureux que le prêtre descendit de l'autel et s'approcha de celle qui l'avait poussé.

— Mais, dit le capitaine d'une voix altérée, quelle diable de messe nous chantez-vous là ?

— L'office des morts, répondit le prêtre.

— Qui vous l'a commandé ?

— Francesca.

— Moi! un office des morts! s'écria la pauvre femme. Oh! non, non! Je vous ai commandé une messe de bon retour, et non un service funèbre.

— Alors j'ai mal compris, et je me suis trompé, répondit le prêtre.

— Sainte Vierge, ayez pitié de nous! s'écria Francesca.

— Que la volonté de Dieu soit faite, dit avec résignation le capitaine.

Le surlendemain nous partîmes.

Jamais nous n'avions eu un plus beau temps pour appareiller. Nous passâmes devant le Phare fiers comme si nous avions eu des ailes. Le capitaine avait l'air aussi tranquille que s'il n'avait rien eu au fond du cœur. Mais moi, qui savais la chose, je le vis, quand nous eûmes doublé la tour, jeter deux ou trois coups d'œil du côté de Palma. Enfin il demanda sa lunette, on la lui apporta, il regarda long-temps le rivage, et, sans dire un mot, il me passa l'instrument. Je regardai après lui, et, malgré la distance, je vis Giulia aussi distinctement que je vous vois : elle était assise sur le haut d'un rocher dont la base trempait dans la mer, regardant le bâtiment, et de temps en temps s'essuyant les yeux avec un mouchoir.

— C'est bien elle, dis-je en rendant la longue-vue au capitaine.

— Oui, je l'ai reconnue.

— Est-ce qu'elle va rester long-temps là ? c'est qu'elle m'offusque.

— Crois-tu véritablement qu'elle soit sorcière ?

— Si elle l'est, capitaine ! j'en mettrais ma main au feu !

— Cependant elle ne m'a jamais fait de mal ; au contraire, sans elle.....

— Après ?.

— Eh bien ! sans elle, je ne naviguerais plus aujourd'hui. Elle ne peut me vouloir du mal, car, lorsque je l'ai vue au bord du lac elle ne menaçait pas, elle priait, elle pleurait.

— Pardieu, si ce n'est que cela, elle pleure encore, on le voit bien.

Le capitaine reporta la lunette à son œil, regarda plus attentivement encore que la première fois; puis, poussant un soupir, il renfonça sa lunette avec la paume de sa main, et passant son bras sous le mien : — Allons faire un tour sur l'avant, me dit-il.

— Volontiers, capitaine.

L'équipage n'avait jamais été plus gai ; on riait, on racontait des histoires ; et puis, voyez-vous, quand nous allons dans les îles, c'est une fête ; nous y avons des connaissances, comme vous avez pu voir, de sorte que chacun parlait de sa chacune, et il ne faut pas demander si on riait. Aussitôt qu'ils m'aperçurent : — Allons, Pietro, la tarentelle. — Oh ! je ne suis pas en train de danser, que je leur réponds.

— Bah ! nous te ferons bien danser malgré toi, dit mon pauvre frère. Oh ! un bon garçon, voyez-vous, dix ans de moins que moi ; je l'aimais comme mon enfant. Alors il se met à siffler, les autres à chanter, et moi, ma foi, je sens la plante des pieds qui me démange; je commence à danser d'une jambe, puis de l'autre, et me voilà parti. Vous savez, quand je m'y mets, ce n'est pas pour un peu : ils allaient toujours, et moi aussi; au bout d'une demi-heure je tombe sur mon derrière, j'étais rendu.—Ah ! je dis, un verre de muscat, ça ne fera pas de mal. On me passe la bouteille.— A la santé du capitaine et de son heureux voyage ! Où est-il donc, le capitaine ?—A l'arrière, me dit Nunzio.—Eh ! qu'est-ce que tu fais là, pilote ? — Tu vois bien, je me croise les bras ; le capitaine s'est chargé du gouvernail.—Ah ! ah ! Sur ce, je me lève, et je vas le rejoindre. Il avait une main sur le timon et il tenait sa lorgnette de l'autre. La nuit commençait à tomber.

— Eh bien, capitaine ?

— Elle y est toujours.

Je mis ma main sur mes yeux, je vis un petit point blanc, pas autre chose.

— C'est drôle, que je dis au capitaine, je

crois que vous vous trompez, ce n'est pas une femme ça, c'est trop petit, ça m'a l'air d'une mouette.

— C'est la distance.

— Oh! j'ai de bons yeux, je n'ai pas besoin de longue-vue, moi.... je m'en tiens à ce que j'ai dit, moi.... c'est une mouette.

— Tu te trompes.

— Eh! tenez, la preuve, c'est que la voilà qui s'envole. Le capitaine jeta un cri, s'élança sur le bastingage. — Eh bien, dis-je en le retenant par le fond de sa culotte, qu'est-ce que vous allez donc faire?

— C'est juste, elle aurait le temps de se noyer dix fois avant que j'arrivasse. Et il retomba plutôt qu'il ne redescendit.

— Comment?

— Elle s'est jetée à la mer.

— Bah!

— Regarde.

Je pris sa lorgnette : inutile, il n'y avait plus rien.

— Eh bien! dis-je au capitaine, que voulez-vous? voilà. Il se désolait. Allons, soyez un homme, et que les autres ne s'aperçoivent pas de cela.

— Va les trouver et dis à Nunzio qu'il peut dormir cette nuit, je resterai au gouvernail. Il me tendit la main, je la pris et je la serrai.

— Au bout du compte, lui dis-je, ce n'est qu'une sorcière de moins.

— Est-ce que tu crois qu'elle était sorcière? répéta-t-il.

— Dam! capitaine, vous savez mon opinion là-dessus, voilà trois fois que je vous le dis.

— C'est bien, laisse-moi. Je lui obéis.

— Vous pouvez vous coucher tous, leur dis-je, le capitaine veillera.

Ça faisait l'affaire de tout le monde, de sorte qu'il n'y eut pas de contestation. Le lendemain on se réveilla à Lipari; quant au capitaine, il n'avait pas fermé l'œil.

Nous y restâmes trois jours, non pas à décharger l'huile, ça fut fini en vingt-quatre heures, mais à faire la noce; puis après ça nous partîmes pour Stromboli légers comme liéges. Là nous chargeâmes, comme ça avait été dit, la valeur d'un millier de livres de passoline : non pas que nous eussions assez d'argent pour payer ça comptant, mais le capitaine avait bon crédit et il était sûr de s'en défaire avantageusement rien qu'à Mélazzo; il en avait déjà près de deux cents livres placées d'avance. Alors, vous concevez, au lieu de revenir de Stromboli à Messine, on manœuvra sur le cap Blanc. Voilà que nous arrivons à la chose; voyez-vous, je l'ai retardée tant que j'ai pu, mais ici il n'y a plus à s'en dédire : faut marcher!

— Un verre de rhum, Pietro!

— Non, merci. C'était en plein jour, à midi, il faisait un magnifique soleil de la fin de septembre; le temps à la bonace, un petit courant d'air, voilà tout. Le capitaine fumait; le frère de Philippe, vous savez, le chanteur, il jouait à la morra avec mon pauvre frère

Baptiste. Moi, j'étais de cuisine. Je mets par hasard le nez hors de la cantine : — Tiens, je dis, voilà un singulier nuage et d'une drôle de couleur. Il était comme vert, couleur de la mer, et tout seul au ciel.

— Oui, me répond le capitaine; et il y a déjà dix minutes que je le regarde. Vois donc comme il tourne, Nunzio.

— Vous me parlez, capitaine? dit le pilote en levant la tête au-dessus de la cabine.

— Vois-tu?

— Oui.

— Qu'est-ce que tu penses de cela?

— Rien de bon.

— Si nous mettions toutes nos voiles dehors, peut-être arriverions-nous au cap Blanc avant l'orage.

— Ce n'est pas un orage, capitaine; il n'y a pas d'orage en l'air; le temps est au beau fixe, la brise vient de la Grèce; voyez plutôt la fumée de Stromboli qui va contre le vent.

— C'est vrai, dit le capitaine.

— Eh! tenez, tenez, capitaine, voyez donc la mer au-dessous du nuage, comme elle crépite.

— Tout le monde sur le pont, cria le capitaine.

En un moment nous fûmes là tous les douze, les yeux fixés sur l'endroit en question; l'eau bouillonnait de plus en plus. De son côté, le nuage s'abaissait toujours; on aurait dit qu'ils s'attiraient l'un l'autre, que la mer allait monter et que le ciel allait descendre. Enfin, la vapeur et l'eau se joignirent. C'était comme un immense pin dont l'eau formait le tronc, et la vapeur la cime. Alors nous reconnûmes que c'était une trombe; au même moment, l'immense machine commença de se mettre en mouvement. On eût dit un serpent gigantesque aux écailles reluisantes qui aurait marché tout debout sur sa queue, en vomissant de la fumée par sa gueule. Elle hésita un instant comme pour chercher la direction qu'elle devait prendre. Enfin, elle se décida à venir sur nous. En même temps le vent tomba.

— Aux rames! crie le capitaine.

Chacun empoigna l'aviron; nous n'avions que vingt pas à faire pour que la trombe passât à l'arrière. Il ne faut pas demander si nous ménagions nos bras; nous allions, Dieu me pardonne, aussi vite que quand le vent du diable souffle. Aussi, nous eûmes bientôt gagné sur elle; si bien qu'elle continuait sa route lorsqu'elle rencontra notre sillage. Quant à nous, nous ramions d'ardeur en lui tournant le dos; de sorte que, ne la voyant plus, nous croyions en être quittes. Tout à coup nous entendîmes Nunzio qui criait : — La trombe! la trombe! Nous nous retournâmes.

Soit que notre course rapide eût établi un courant d'air, soit que le sillon que nous creusions lui indiquât sa route, elle avait changé de direction et s'était mise à notre poursuite. On eût dit un de ces géants comme il y en avait autrefois dans les cavernes du mont Etna, et qui poursuivaient jusque dans la mer les vaisseaux qui avaient le malheur de relâcher à Catane ou à Taormine. Nous n'avions plus de bras, nous n'avions plus de voix, nous n'avions que des yeux. Quant à moi, je me rappelle que j'étais comme un hébété ; je suivais du regard un grand oiseau de mer qui avait été entraîné dans la trombe, et qui tourbillonnait comme un grain de sable, sans pouvoir sortir du cercle qui l'enfermait. A mesure que la trombe s'approchait nous reculions devant elle ; si bien que nous nous trouvâmes tous entassés sur l'avant du navire, excepté le pilote qui, ferme à son poste, était resté à l'arrière. Tout à coup le bâtiment trembla comme si, lui aussi, il avait eu peur. Les mâts plièrent comme des joncs, les voiles se déchirèrent comme des toiles d'araignée ; le bâtiment se retourna sur lui-même. Nous étions tous engloutis.

Je ne sais pas le temps que je passai sous l'eau. Autant que je pus calculer, j'ai bien plongé à une trentaine de pieds de profondeur. Heureusement, j'avais eu le temps de faire provision d'air, de sorte que je n'étais pas encore trop ébouriffé en revenant à la surface de la mer. J'ouvris les yeux, je regardai autour de moi, et la première chose que je vis, c'était notre pauvre bâtiment flottant cap dessus, cap dessous, comme une baleine morte. Au même instant je m'entendis appeler; je me retournai, c'était le capitaine. — Allons, allons, courage! que je lui dis; nous ne sommes pas paralytiques, et, avec la grâce de Dieu, nous pouvons nous en tirer.

— Oui, oui, dit le capitaine; mais en voilà encore un qui reparaît derrière toi : c'est Vicenzo.

— A moi! cria Vicenzo; je sens que j'ai la jambe cassée, je ne puis pas me soutenir sur l'eau.

— Poussons-le au bâtiment, capitaine; il se mettra à cheval dessus, et, tant qu'il ne sera pas coulé tout à fait, eh bien! il aura la chance d'être vu par quelque barque de pêche. Courage! Vicenzo, courage!

Nous le prîmes chacun par-dessous un bras, et nous le soutînmes sur l'eau; puis, arrivé au bâtiment, il s'y cramponna, et, à l'aide de ses deux mains et de sa bonne jambe, il parvint à se jucher sur la quille. — Ah! dit-il quand il fut assuré sur sa machine, je vois les autres : un, deux, trois, quatre, cinq, six, sept, huit, vous deux ça fait dix, et moi ça fait onze : il n'en manque qu'un. Celui qui manquait s'appelait Jordano; nous n'en entendîmes jamais parler.

— Allons! dis-je au capitaine, il faut nager de concert et piquer droit au cap. C'est un peu loin, dam! et il y en a quelques-uns qui resteront en route; mais c'est égal, il ne faut pas que cela vous effraie. — Allons, en avant la coupe et la marinière.

— Bon voyage! nous cria Vicenzo.

— Encore un mot, vieux.

— Hein?

— Vois-tu mon frère?

— Oui, c'est le second là-bas.

— Dieu te récompense de ta bonne nouvelle! — Et je me mis à ramer vers celui qu'il m'avait indiqué, que le capitaine en avait peine à me suivre. Au bout de dix minutes, nous étions tous réunis, et nous nagions en ligne comme une compagnie de marsouins. Je m'approchai de mon frère. — Eh bien! Baptiste, que je lui dis, nous allons avoir du tirage.

— Oh! répondit-il, ça ne serait rien si je n'avais pas ma veste; mais elle me gêne sous les bras.

— Eh bien! approche-toi de moi et ne me perds pas de vue; quand tu te sentiras faiblir, tu t'appuieras sur mon épaule. Tu sais bien que je ne suis pas gros, mais que je suis solide.

— Oui, frère.

— Eh bien! pilote, c'est donc vous?

— Moi-même, mon garçon.

— Tiens, tiens, tiens, vous n'êtes pas si bête, vous, vous êtes tout nu.

— Oui, j'ai eu le temps de me déshabiller; mais si j'ai un conseil à te donner, c'est de ne pas user ton haleine à bavarder, tu en auras besoin avant une heure.

— Un dernier mot : ne perdez pas de vue le capitaine.

— Sois tranquille.

— Maintenant, motus.

Ça alla comme ça une heure. Au bout de ce temps, voyant mon frère inquiet :—Est-ce que tu te fatigues? que je lui dis.

— Non, ce n'est pas ça, mais c'est que je ne vois plus Giovanni. C'était le frère de Philippe.

Je me retournai, je regardai de tous les côtés ; peine perdue, il était allé rejoindre Jordano. Et ça, sans dire un mot, de peur de nous effrayer.

Voilà ce que c'est que les marins; pourtant je dis en moi-même un *Ave Maria*, moitié pour lui moitié pour moi, et je me mis à faire un peu de planche pour me reposer. Ça alla comme ça encore une heure; de temps en temps je regardais mon frère, il devenait de plus en plus pâle.

— Est-ce que tu es fatigué, Baptiste?

— Non, pas encore, mais nous ne sommes plus que huit.

— Une barque, cria le capitaine.

En effet, à l'extrémité du cap, nous voyions pointer une voile qui venait de notre côté; ça nous redonna des forces, et nous nous remîmes à nager bravement. Elle venait à nous, mais elle devait être encore plus d'une heure avant de nous voir et près de deux heures avant de nous rejoindre.

— Je n'irai jamais jusqu'à elle, dit Baptiste.

— Appuie-toi sur moi.

— Pas encore.

— Alors ne te presse pas et respire sur ta brassée.

— C'est ma diable de veste qui me gêne.

— Du courage.

Ça alla bien comme ça trois quarts d'heure. La barque approchait à vue d'œil; elle ne devait pas être à plus d'une lieue de nous. J'entendis Baptiste qui toussait; je me retournai vivement. — Ce n'est rien, dit-il, ce n'est rien.

— Si fait, c'est quelque chose, que je lui

répondis; allons, allons, pas de bravade, et mets ta main sur mon épaule, ça soulage.

— Approche-toi de moi alors, car je sens que je m'engourdis. En deux brassées je l'avais rejoint; je lui mis la main sur mon cou, ça le soulagea.

— La barque nous a vus, cria le capitaine.

— Entends-tu, Baptiste? la barque nous a vus; nous sommes sauvés.

—Pas tous, car voilà Gaetano qui se noie.

— Allons, allons, ne t'occupe pas des autres, chacun pour soi, frère.

—Alors pourquoi ne me laisses-tu pas là?

— Parce que toi, c'est moi.

— Taisez-vous donc, dit le pilote, vous vous exténuez.

Il avait dit vrai. Le pauvre Baptiste! il ne pouvait plus aller; il me pesait comme un plomb, de sorte que je n'allais plus guère non plus, moi. Cependant la barque avançait toujours; nous voyions déjà les gens qui étaient dedans, nous entendions leurs cris, mais

Nunzio seul leur répondait. On aurait dit qu'il avait des nageoires, quoi! le vieux chien de mer; il ne se fatiguait pas. Quant à Baptiste, c'était autre chose; il avait les yeux à moitié fermés, et je sentais son bras qui se roidissait autour de mon cou; je commençais moi-même à siffler en respirant.—Pilote, que je dis, si je n'arrive pas jusqu'à la barque, vous ferez dire des messes pour moi, n'est-ce pas? Je n'avais pas achevé, que je sens que mon frère entre dans l'agonie.—A moi, pilote! à... Va te promener! j'avais de l'eau par-dessus la tête. Vous savez, on boit trois bouillons avant d'aller au fond tout à fait.—Bon, que je dis, j'en ai encore deux à consommer. Effectivement, je revins sur l'eau. J'avais le soleil en face des yeux et il me semblait tout rouge; je voyais la barque dans un brouillard, je ne savais plus si elle était près ou si elle était loin; je voulais parler, appeler: oui, c'est comme si j'avais eu le cauchemar. Si ce n'avait été Baptiste, j'aurais peut-être encore pu me retourner sur le dos; mais avec lui, impossible, je sentais qu'il m'entraînait, que j'enfonçais.—Bon, je dis, voilà mon second bouillon, je n'en ai plus qu'un; enfin je rassemble toutes mes forces, je reviens sur l'eau, le soleil était noir. Ah! vous ne vous êtes jamais noyé, vous?

— Non. Continuez, Piétro.

— Que diable voulez-vous que je continue? je ne sais plus rien. Je ne connaissais plus mon frère, qui me tenait au col; je sentais que je roulais avec une chose qui m'entraînait au fond, avec une chose qui me noyait, et je voulais me débarrasser de cette chose. Je ne sais comment je fis, mais, Dieu me pardonne, j'y réussis. Alors j'eus un moment de bien-être; il me sembla que je respirais, qu'on me pressait, puis qu'on me retournait. Quand j'ouvris les yeux, nous étions à la pointe du cap Blanc, que vous voyez là-bas; j'étais pendu par les pieds et je crachais l'eau de mer gros comme le bras. Nunzio était près de moi, qui me frottait la poitrine et les reins.

— Et les autres?

— Il y en avait quatre de sauvés, et moi et Nunzio ça faisait six.

— Et le capitaine?

— Le capitaine, il ne s'était pas noyé, lui; mais des efforts qu'il avait faits en mettant le pied dans la barque sa blessure s'était rouverte. Elle ne voulut jamais se refermer; pendant trois jours il perdit tout le sang de son corps, et le troisième jour il mourut : preuve que Giulia était une sorcière.

— Et Vicenzo, que vous aviez laissé sur le bâtiment avec une jambe cassée?

— C'est le même que voilà là et qui cause avec votre camarade et le cuisinier; mais c'est égal, vous comprenez maintenant pourquoi nous ne nous soucions plus d'aller au cap Blanc.

En effet, je comprenais.

En ce moment le capitaine s'approcha de nous, et voyant à notre silence que nous avions fini :

— Excellence, me dit-il, je crois que votre intention est de toucher terre seulement à Messine et de retourner immédiatement à Naples par la Calabre.

— Oui. Y aurait-il quelque empêchement?

— Au contraire, je venais proposer à votre excellence de descendre directement à San-Giovanni pour ne pas payer deux patentes pour le speronare; nous traverserons le détroit dans la chaloupe.

— A merveille.

— A San-Giovanni, vieux, dit le capitaine en se tournant vers le pilote.

Nunzio fit un signe de tête, imprima un léger mouvement au gouvernail, et le petit bâtiment, docile comme un cheval de manége, tourna sa proue du côté de la Calabre.

A dix heures du soir, nous jetâmes l'ancre à vingt pas de la côte.

CHAPITRE VIII.

LA CAGE DE FER.

Si nous avions éprouvé des difficultés pour mettre pied à terre dans la capitale de l'archipel lipariote, ce fut bien autre chose pour descendre sur les côtes de Calabre : quoique notre capitaine eût pris la précaution de se rendre à la police dès l'ouverture du bureau, c'est-à-dire à six heures du matin, à huit il n'était pas encore de retour au speronare ; enfin, nous le vîmes poindre au bout d'une petite ruelle, escorté d'une escouade de douaniers, laquelle se rangea en demi-cercle sur le bord de la mer, formant un cordon sanitaire entre nous et la population : cette disposition stratégique arrêtée, on nous fit descendre avec nos papiers, qu'on prit de nos mains avec de longues pincettes et qu'on soumit à une commission de trois membres choisis sans doute parmi les plus éclairés. L'examen ayant, à ce qu'il paraît, été favorable, les papiers nous furent rendus, et l'on procéda à l'interrogatoire : c'est à savoir, d'où nous venions, où nous allions, et dans quel but nous voyagions. Nous répondîmes sans hésiter que nous venions de Stromboli, que nous allions à Bauso, et que nous voyagions pour notre plaisir. Ces raisons furent soumises à un examen pareil à celui qu'avaient subi nos papiers; et sans doute elles en sortirent victorieuses comme eux, car le chef de la troupe, rassuré sur notre état sanitaire, s'approcha de nous pour nous dire qu'on allait nous délivrer notre patente, et que nous pourrions continuer notre route; une piastre que je lui offris, et qu'il ne crut pas devoir prendre, comme les passe-ports, avec des pincettes, activa les dernières formalités, de sorte qu'un quart d'heure après, c'est-à-dire vers les dix heures, nous reçûmes notre autorisation de partir pour Messine.

J'en profitai seul : Jadin avait avisé une barque de pêcheurs, et dans cette barque trois ou quatre poissons de formes et de couleurs tellement séduisantes, que le désir de faire une nature morte l'emporta chez lui sur celui de visiter le théâtre des exploits de Pascal Bruno; en outre, il comptait le lendemain et le surlendemain aller prendre un croquis de Scylla.

Nous montâmes dans une petite barque, tout l'équipage et moi : chacun était pressé de revoir sa femme. Jadin, le mousse et Milord restèrent seuls pour garder le speronare. Ne voulant pas retarder leur bonheur d'un instant, j'autorisai nos matelots à piquer droit sur le village della Pace; cette autorisation fut reçue avec des hurras de joie : chacun empoigna un aviron, et nous volâmes, littéralement, sur la surface de la mer.

Dès le matin, d'un côté du détroit à l'autre on avait reconnu notre petit bâtiment à l'ancre sur les côtes de Calabre; et comme on s'était bien douté que la journée ne se passerait pas sans une visite de son équipage, on ne l'avait pas perdu de vue : aussi, à peine avions-nous fait un mille, que nous commençâmes à voir s'amasser toute la population sur le bord de la mer. Cette vue redoubla l'ardeur de nos mariniers : en moins de quarante minutes nous fûmes à terre.

Comme j'étais le seul qui n'était attendu par personne, je laissai tout mon monde à la joie du retour, et, leur donnant rendez-vous pour le surlendemain à huit heures du matin à l'hôtel de la Marine, je m'acheminai vers Messine, où j'arrivai vers midi.

Il était trop tard pour songer à faire ma course le même jour, il m'aurait fallu coucher dans quelque infâme auberge de village, et je ne voulais pas anticiper sur les plaisirs que, sur ce point, me promettait la Calabre ; je me mis donc à courir par les rues de Messine pour voir si je n'aurais pas oublié de visiter quelque chef-d'œuvre à mon premier voyage. Je n'avais absolument rien oublié.

En rentrant à l'hôtel, un grand jeune homme me croisa ; je crus le reconnaître, et j'allai à lui : en effet, c'était le frère de mademoiselle Schulz, avec lequel j'avais ébauché connaissance il y avait deux mois. Je ne croyais pas le retrouver à Messine; mais sa sœur avait eu du succès au théâtre, et ils étaient restés dans la seconde capitale de la Sicile plus long-temps qu'ils ne le croyaient d'abord.

J'exposai à M. Schulz les causes de mon retour à Messine. Aussi curieux de pittoresque que qui que ce soit au monde, il m'offrit d'être mon compagnon de voyage. L'offre, comme on le comprend bien, fut acceptée à l'instant même, et séance tenante nous allâmes chez l'*affitatore* qui lui louait sa voiture, afin de retenir chez lui un berlingo quelconque pour le lendemain à six heures du matin : moyennant deux piastres nous eûmes notre affaire.

Le lendemain, comme je descendais de ma chambre, je trouvai Pietro au bas de l'escalier; le brave garçon avait pensé que, pendant ce petit voyage, j'aurais peut-être besoin de ses services, et il avait quitté la Pace à cinq heures du matin, de peur de me manquer au saut du lit.

J'ai parfois des tristesses profondes quand je pense que je ne reverrai probablement jamais aucun de ces braves gens. Il y a des attentions et des services qui ne se paient pas avec de l'argent; et comme, selon toute probabilité, l'ouvrage que j'écris à cette heure ne leur tombera jamais entre les mains, ils croiront, chaque fois qu'ils penseront à moi, que moi, je les ai oubliés.

Il y eut alors entre nous un grand débat : Pietro voulait monter avec le cocher; j'exigeai qu'il montât avec nous : il se résigna enfin, mais ce ne fut qu'à une lieue ou deux de Messine qu'il se décida à allonger ses jambes.

Comme la route de Messine à Bauso n'offre rien de bien remarquable, le temps se passa à faire des questions à Pietro; mais Pietro nous avait dit tout ce qu'il savait à l'endroit de Pascal Bruno, et tout le fruit que nous retirâmes de nos interrogatoires fut d'apprendre qu'il y avait à Calvaruso, village situé à un mille de celui où nous nous rendions, un notaire de la connaissance de Pietro, et à qui tous les détails que nous désirions savoir étaient parfaitement connus.

Vers les onze heures nous arrivâmes à Bauso; Pietro fit arrêter la voiture à la porte d'une espèce d'auberge, la seule qu'il y eût dans le pays. L'hôte vint nous recevoir de l'air le plus affable du monde, son chapeau à la main et son tablier retroussé : son air de bonhomie me frappa, et j'en exprimai ma satisfaction à Pietro en lui disant que son maestro di casa avait l'air d'un brave homme.

— Oh, oui! c'est un brave homme, répondit Pietro, et il ne mérite pas tout le chagrin qu'on lui a fait.

— Et qui lui a donc fait du chagrin? demandai-je.

— Hum! fit Pietro.

— Mais enfin?

Il s'approcha de mon oreille.

— La police, dit-il.

— Comment, la police?

— Oui, vous comprenez. On est Sicilien, on est vif; on a une dispute. Eh bien! on joue du couteau ou du fusil.

— Oui, et notre hôte a joué à ce jeu-là, à ce qu'il paraît?

— Il était provoqué, le brave homme, car quant à lui, il est doux comme une fille.

— Et alors?

— Eh bien alors! dit Pietro, accouchant à grand'peine du corps du délit, eh bien! il a tué deux hommes, un d'un coup de couteau et l'autre d'un coup de fusil : quand je dis tué, il y en a un qui n'était que blessé; seulement il est mort au bout de huit jours.

— Ah! ah!

— Mais voyez-vous, méchanceté pure : un autre en aurait guéri, mais lui c'était une vieille haine avec ce pauvre Guiga; et il s'est laissé mourir pour lui faire pièce.

— Ainsi, ce brave homme s'appelle Guiga? demandai-je.

—C'est-à-dire, c'est un surnom qu'on lui a donné; mais son vrai nom est Santo-Coraffe.

— Et la police l'a tourmenté pour cette bagatelle?

—Comment, tourmenté! c'est-à-dire qu'on l'a mis en prison comme un voleur. Heureusement qu'il avait du bien, car, tel que vous le voyez, il a plus de 300 onces de revenu, le gaillard.

— Eh bien! qu'est-ce que ces 300 onces ont pu faire là-dedans? il était coupable ou il ne l'était pas.

— Il ne l'était pas! il ne l'était pas! s'écria Pietro, il a été provoqué, c'est la douceur même, lui, pauvre Guiga! Eh bien alors, quand ils ont vu qu'il avait du bien, ils ont traité avec lui. On a fait une côte mal taillée; il paie une petite rente, et on le laisse tranquille.

— Mais à qui paie-t-il une rente? à la famille de ceux qu'il a tués?

— Non, non, non; ah bien! pour quoi faire?.. non, non, à la police.

— C'est autre chose, alors je comprends.

Je m'avançai vers notre hôte avec toute la considération que méritaient les renseignements que je venais de recevoir sur lui, et je lui demandai le plus poliment que je pus s'il y aurait moyen d'avoir un déjeuner pour quatre personnes; puis, sur sa réponse affirmative, je priai Pietro de monter dans la voiture et d'aller chercher son notaire à Calvaruso.

Pendant que les côtelettes rôtissaient et que Pietro roulait, nous descendîmes jusqu'au bord de la mer. De la plage de Bauso, la vue est délicieuse. De ces côtes, le cap Blanc s'avance plat et allongé dans la mer; de l'autre côté les monts Pelore se brisent au-dessus des flots à pic comme une falaise. Au fond, se découpent Vulcano, Lipari et Lisca-Bianca, au delà de laquelle s'élève et fume Stromboli.

Nous vîmes de loin la voiture qui revenait sur la route : deux personnes étaient dedans; Pietro avait donc trouvé son notaire : il eût été malhonnête de faire attendre le digne tabellion qui se dérangeait pour nous; nous reprîmes donc notre course vers l'hôtel, où nous arrivâmes au moment même où la voiture s'arrêtait.

Pietro me présenta il signor don Cesare Alletto, notaire à Calvaruso. Non-seulement le brave homme apportait toutes les traditions orales dont il était l'interprète, mais encore une partie des papiers relatifs à la procédure qui avait conduit à la potence l'illustre bandit dont je comptais me faire le biographe.

Le déjeuner était prêt : maître Guiga s'était surpassé, et je commençai à penser comme Pietro, qu'il n'était pas si coupable qu'on le faisait et que c'était un *peccato* que d'avoir tourmenté un aussi brave homme.

Après le déjeuner, don Cesare Alletto nous demanda si nous désirions d'abord entendre l'histoire des prouesses de Pascal Bruno, ou visiter avant tout le théâtre de ces prouesses : nous lui répondîmes que, chronologiquement, il nous semblait que l'histoire devait passer la première, attendu que, l'histoire racontée, chaque détail subséquent deviendrait plus intéressant et plus précieux.

Nous commençâmes donc par l'histoire.

Pascal Bruno était fils de Giuseppe Bruno; Giuseppe Bruno avait six frères.

Pascal Bruno avait trois ans, lorsque son père, né sur les terres du prince de Montcada Paterno, vint s'établir à Bauso, village dans les environs duquel demeuraient ses six frères, et qui appartenait au comte de Castel-Novo.

Malheureusement Giuseppe Bruno avait une jolie femme, et le prince de Castel-Novo était fort appréciateur des jolies femmes; il devint amoureux de la mère de Pascal, et lui fit des offres qu'elle refusa. Le comte de Castel-Novo n'avait pas l'habitude d'essuyer de pareils refus dans ses domaines, où chacun, hommes et femmes, allaient au-devant de ses désirs. Il renouvela ses offres, les doubla, les tripla sans rien obtenir. Enfin, sa patience se lassa, et, sans songer qu'il n'avait aucun droit sur la femme de Giuseppe, puisqu'elle n'était pas même née sur ses terres, un jour que son mari était absent, il la fit enlever par quatre hommes, la fit conduire à sa petite maison et la viola. C'était sans doute un grand honneur qu'il faisait à un pauvre diable comme Giuseppe Bruno que de descendre jusqu'à sa femme; mais Giuseppe avait l'esprit fait autrement que les autres : il ne fit pas un reproche à la pauvre femme, mais il alla s'embusquer sur le chemin du comte de Castel-Novo, et comme il passait auprès de lui il lui allongea, au-dessous de la sixième côte gauche, un coup de poignard dont il mourut deux heures après, ce qui lui donna peu de temps pour se réconcilier avec Dieu, mais ce qui lui en donna assez pour nommer son meurtrier.

Giuseppe Bruno prit la fuite, et se réfugia dans la montagne, où ses six frères lui portaient à manger chacun à son tour : on sut cela, et on les arrêta tous les six comme complices du meurtre du comte. Giuseppe, qui ne voulait pas que ses frères payassent pour lui, écrivit qu'il était prêt à se livrer si l'on voulait relâcher ses frères. On le lui promit, il se livra, fut pendu, et ses frères envoyés aux galères. Ce n'était pas là précisément l'engagement que l'on avait pris avec Giuseppe; mais s'il fallait que les gouvernements tinssent leurs engagements avec tout le monde, on comprend que cela les mènerait trop loin.

La pauvre mère resta donc au village de Bauso avec le petit Pascal Bruno, alors âgé de cinq ans; mais comme selon l'habitude, et pour guérir par l'exemple, on avait exposé la tête de Giuseppe dans une cage de fer, et que ce spectacle lui était trop pénible, un jour elle prit son enfant par la main et disparut dans la montagne. Quinze ans se passèrent sans qu'on entendit reparler ni de l'un ni de l'autre.

Au bout de ce temps Pascal reparut. C'était un beau jeune homme de vingt et un à vingt-deux ans, au visage sombre, à l'accent rude, à la main prompte, et dont la vie sauvage avait singulièrement accru la force et l'adresse naturelles. A part cet air de tristesse répandu sur ses traits, il paraissait avoir complétement oublié la cause qui lui avait fait quitter Bauso : seulement, quand il passait devant la cage où était exposée la tête de son père, il courbait le front pour ne pas la voir, et devenait plus pâle encore que d'habitude. Au reste, il ne recherchait aucune société, ne parlait jamais le premier à personne, se contentait de répondre si on lui adressait la parole et vivait seul dans la maison qu'avait habitée sa mère et qui était restée fermée quinze ans.

Personne n'avait rien compris à son retour, et l'on se demandait ce qu'il revenait faire dans un pays dont tant de souvenirs douloureux devaient l'éloigner, lorsque le bruit commença de se répandre qu'il était amoureux d'une jeune fille nommée Térésa, qui était la sœur de lait de la jeune comtesse Gemma, fille du comte de Castel-Novo. Ce qui avait donné quelque créance à ce bruit, c'est qu'un jeune homme du village, revenant une nuit de faire une visite à sa maîtresse, l'avait vu descendre par-dessus le mur du jardin attenant à la maison qu'habitait Térésa. On compara alors l'époque du retour de

Térésa, qui habitait ordinairement Palerme, dans le village de Bauso, avec celle de l'apparition de Pascal, et l'on s'aperçut que le retour de l'une et l'apparition de l'autre avaient eu lieu dans la même semaine; mais surtout, ce qui ôta jusqu'au dernier doute sur l'intelligence qui existait entre les deux jeunes gens, c'est que Térésa étant retournée à Palerme, le lendemain de son départ Pascal avait disparu, et que la porte de la maison maternelle était fermée de nouveau, comme elle l'avait été pendant quinze ans.

Trois ans s'écoulèrent sans qu'on sût ce qu'il était devenu, lorsqu'un jour (ce jour était celui de la fête du village de Bauso) on le vit reparaître tout à coup avec le costume des riches paysans calabrais, c'est-à-dire le chapeau pointu avec un ruban pendant sur l'épaule, la veste de velours à boutons d'argent ciselés, la ceinture de soie aux mille couleurs, qui se fabrique à Messine, la culotte de velours avec ses boucles d'argent, et la guêtre de cuir ouverte au mollet. Il avait une carabine anglaise sur l'épaule, et il était suivi de quatre magnifiques chiens corses.

Parmi les divers amusements qu'avait réunis ce jour solennel, il y en avait un que l'on retrouve presque toujours en Sicile. En pareille occasion, c'était un prix au fusil. Or, par une vieille habitude du pays, tous les ans cet exercice avait lieu en face des hautes murailles du château, aux deux tiers desquelles blanchissait depuis vingt ans, dans sa cage de fer, le crâne de Giuseppe Bruno.

Pascal s'avança au milieu d'un silence général. Chacun, en l'apercevant si bien armé et si bien escorté, avait compris, à part soi, qu'il allait se passer quelque chose d'étrange. Cependant rien n'indiqua de la part du jeune homme une intention hostile quelconque. Il s'approcha de la barraque où l'on vendait les balles, en acheta une qu'il mesura au calibre de sa carabine, puis il alla se ranger parmi les tireurs, et là il chargea son arme avec les méticuleuses précautions que les tireurs ont l'habitude d'employer en pareil cas.

On suivait un ordre alphabétique, chacun était appelé à son rang et tirait une balle. On pouvait en acheter jusqu'à six; mais, quel que fût le nombre qu'on achetât, il fallait acheter ce nombre d'une seule fois, sinon il n'était pas permis d'en reprendre. Pascal Bruno, n'ayant acheté qu'une balle, n'avait donc qu'un seul coup à tirer; mais, quoiqu'il ne se fût fait à lui-même qu'une bien faible chance, l'inquiétude n'en était pas moins grande parmi les autres tireurs qui connaissaient son adresse devenue presque proverbiale dans tout le canton.

On en était à l'N quand Bruno arriva; on épuisa donc toutes les lettres de l'alphabet avant d'arriver à lui; puis on recommença par l'A, puis on appela le B; Bruno se présenta.

Si le silence avait été grand lorsqu'on avait purement et simplement vu Bruno paraître, on comprend qu'il fut bien plus grand encore quand on le vit s'apprêter à donner une preuve publique de cette adresse dont on avait tant parlé, mais sans que personne cependant pût dire qu'il la lui eût vue exercer. Le jeune homme s'avança donc suivi de tous les regards jusqu'à la corde qui marquait la limite, et, sans paraître remarquer qu'il fût l'objet de l'attention générale, il s'assura sur sa jambe droite, fit un mouvement pour bien dégager ses bras, appuya son fusil à son épaule, et commença de prendre son point de mire du bas en haut.

On comprend avec quelle anxiété les rivaux de Pascal Bruno suivirent, à mesure qu'il se levait, le mouvement du canon du fusil. Bientôt il arriva à la hauteur du but, et l'attention redoubla; mais, au grand étonnement de l'assemblée, Pascal continua de lever le bout de sa carabine, et à chercher un autre point de mire; arrivé dans la direction de la cage de fer, il s'arrêta, resta un instant immobile comme si lui et son arme étaient de bronze; enfin, le coup si long-temps attendu se fit entendre, et le crâne enlevé de sa cage de fer tomba au pied de la muraille. Bruno enjamba aussitôt la corde, s'avança lentement et sans faire un pas plus vite que l'autre, vers ce terrible trophée de son adresse, le ramassa respectueusement, et sans se retourner une seule fois vers ceux qu'il laissait stupéfaits de son action, il prit le chemin de la montagne.

Deux jours après, le bruit d'un autre événement dans lequel Bruno avait joué un rôle aussi inattendu et plus tragique encore que celui qu'il venait de remplir, se répandit dans toute la Sicile. Térésa, cette jeune sœur de lait de la comtesse de Castel-Novo, dont nous avons déjà parlé, venait d'épouser un des campieri du vice-roi, lorsque le soir même du mariage, et comme les jeunes époux allaient ouvrir le bal par une tarentelle, Bruno, une paire de pistolets à la ceinture, s'était tout à coup trouvé au milieu des danseurs. Alors il s'était avancé vers la mariée, et, sous prétexte qu'elle lui avait promis de danser avec lui avant de danser avec aucun autre, il avait voulu que le mari lui cédât sa place. Le mari, pour toute réponse, avait tiré son couteau; mais Pascal, d'un coup de pistolet, l'avait étendu roide mort; alors, son second pistolet à la main, il avait forcé la jeune femme, pâle et presque mourante, à danser la tarentelle près du cadavre de son mari ; enfin, au bout de quelques secondes, ne pouvant plus supporter le supplice qui lui était imposé en punition de son parjure, Térésa était tombée évanouie.

Alors Pascal avait dirigé contre elle le canon du second pistolet, et chacun avait cru qu'il allait achever la pauvre femme; mais, songeant sans doute que dans sa situation la vie était plus cruelle que la mort, il avait laissé retomber son bras, avait désarmé son pistolet, l'avait repassé dans sa ceinture et était disparu sans que personne essayât même de faire un mouvement pour l'arrêter.

Cette nouvelle, à laquelle on hésitait d'abord à croire, fut bientôt confirmée par le vice-roi lui-même qui, furieux de la mort d'un de ses plus braves serviteurs, donna les ordres les plus sévères pour que Pascal Bruno fût arrêté. Mais c'était chose plus facile à ordonner qu'à faire; Pascal Bruno s'était fait bandit, mais bandit à la manière de Karl Moor, c'est-à-dire bandit pour les riches et pour les puissants, envers lesquels il était sans pitié; tandis qu'au contraire les faibles et les pauvres étaient sûrs de trouver en lui un protecteur ou un ami. On disait que toutes les bandes disséminées jusque-là dans la chaîne de montagnes qui commence à Messine et s'en va mourir à Trapani, s'étaient réunies à lui et l'avaient nommé leur chef, ce qui le mettait presque à la tête d'une armée; et cependant, toutes les fois qu'on le voyait, il était toujours seul, armé de sa carabine et de ses pistolets, et accompagné de ses quatre chiens corses.

Depuis que Pascal Bruno, en se livrant au nouveau genre de vie qu'il exerçait à cette heure, s'était rapproché de Bauso, l'intendant, qui habitait le petit château de Castel-Novo dont il régissait les biens au compte de la jeune comtesse Gemma, s'était retiré à Cefalu, de peur qu'enveloppé dans quelque vengeance du jeune homme irrité il ne lui arrivât malheur. Le château était donc resté fermé comme la maison de Giuseppe Bruno, lorsqu'un jour un paysan, en passant devant ses murailles, vit toutes les portes ouvertes et Bruno accoudé à l'une de ses fenêtres.

Quelques jours après, un autre paysan rencontra Bruno : le pauvre diable, quoique sa récolte eût complétement manqué, portait sa redevance à son seigneur; cette redevance était de cinquante onces, et, pour arriver à amasser cette somme, il laissait sa femme et ses enfants presque sans pain. Bruno alors lui dit d'aller s'acquitter avant tout avec son seigneur, et de revenir le retrouver, lui Bruno, le surlendemain à la même place. Le paysan continua sa route à moitié consolé, car il y avait dans la voix du bandit un accent de promesse auquel il ne s'était pas trompé.

En effet, le surlendemain, lorsqu'il se trouva au rendez-vous, Bruno s'approcha de lui et lui remit une bourse; cette bourse contenait vingt-cinq onces, c'est-à-dire la moitié de la redevance. C'était une remise qu'à la prière de Bruno, et l'on savait que les prières de Bruno étaient des ordres, le propriétaire avait consenti à faire.

Quelque temps après, Bruno entendit raconter que le mariage d'un jeune homme du village ne pouvait se faire avec une jeune fille que le jeune homme aimait, parce que la jeune fille avait quelque fortune et que son père exigeait que son futur époux apportât à peu près autant qu'elle dans la communauté, c'est-à-dire cent onces. Le jeune homme se désespérait, il voulait s'engager dans les troupes anglaises, il voulait se faire pêcheur de corail, il avait encore mille autres projets aussi insensés que ceux-là; mais ces projets, au lieu de le rapprocher de sa maîtresse, ne tendaient tous qu'à l'en éloigner. Un jour on vit Bruno descendre de sa petite forteresse, traverser le village et entrer chez le pauvre amoureux; il resta enfermé une demi-heure à peu près avec lui, et le lendemain le jeune homme se présenta chez le père de sa maîtresse avec les cent onces que celui-ci exigeait. Huit jours après, le mariage eut lieu.

Enfin, un incendie dévora un jour une partie du village et réduisit à la mendicité tous les malheureux qui avaient été sa victime. Huit jours après, un convoi d'argent, qui allait de Palerme à Messine, fut enlevé, entre Mistretta et Tortorico, et deux des gendarmes qui l'accompagnaient tués sur la place. Le lendemain de cet événement, chaque incendié reçut cinquante onces de la part de Pascal Bruno.

On comprend que, par de pareils moyens, répétés presque tous les jours, Pascal Bruno amassait une somme de reconnaissance qui lui rapportait ses intérêts en sécurité ; en effet, il ne se formait pas une entreprise contre Pascal Bruno, que, par le moyen des paysans, il n'en fût averti à l'instant même, et cela sans que les paysans eussent besoin d'aller au château, ou que Bruno eût besoin de descendre au village. Il suffisait d'un air chanté, d'un petit drapeau arboré au haut d'une maison, d'un signal quelconque enfin, auquel la police ne pouvait rien distinguer, pour que Bruno, averti à temps, se trouvât, grâce à son petit cheval du val de Noto, moitié sicilien, moitié arabe, à vingt-cinq lieues de l'endroit où on l'avait vu la veille et où on croyait le trouver le lendemain. Tantôt encore, comme me l'avait dit Pietro, il courait jusqu'au rivage, descendait dans la première barque venue, et passait ainsi deux ou trois jours avec les pêcheurs qui, largement récompensés par lui, n'avaient garde de le trahir ; alors il abordait sur quelque point du rivage où l'on était loin de l'atteindre, gagnait la montagne, faisait vingt lieues dans sa nuit, et se retrouvait le lendemain, après avoir laissé un souvenir quelconque de son passage à l'endroit le plus éloigné de sa course nocturne, dans sa petite forteresse de Castel-Novo. Cette rapidité de locomotion faisait alors circuler de singuliers bruits : on racontait que Pascal Bruno, pendant une nuit d'orage, avait passé un pacte avec une sorcière, et que, moyennant son âme que le bandit lui avait donnée en retour, elle lui avait donné la pierre qui rend invisible et le balai ailé qui transporte en un instant d'un endroit à un autre. Pascal, comme on le comprend bien, encourageait ces bruits qui concouraient à sa sûreté; mais comme cette faculté de locomotion et d'invisibilité ne lui paraissait pas encore assez rassurante, il saisit l'occasion qui se présenta de faire croire encore à celle d'invulnérabilité.

Si bien renseigné que fût Pascal, il arriva une fois qu'il tomba dans une embuscade; mais, comme ils n'étaient qu'une vingtaine d'hommes, ils n'osèrent point l'attaquer corps à corps, et se contentèrent de faire feu à trente pas contre lui. Par un véritable miracle, aucune balle ne l'atteignit, tandis que son cheval en reçut sept, et, tué sur le coup, s'abattit sur son maître; mais, leste et vigoureux comme il l'était, Pascal tira sa jambe de dessous le cadavre, en y laissant toutefois son soulier, et, gagnant la cime d'un rocher presqu'à pic, il se laissa couler du haut en bas et disparut dans la vallée. Deux heures après il était à sa forteresse, sur le chemin de laquelle il avait laissé sa veste de velours percée de treize balles.

Cette veste, retrouvée par un paysan, passa

de main en main et fit grand bruit, comme on le pense : comment la veste avait-elle été percée ainsi sans que le corps fût atteint? c'était un véritable prodige dont la magie seule pouvait donner l'explication. Ce fut donc à la magie qu'on eut recours, et bientôt Pascal passa, non-seulement pour posséder le pouvoir de se transporter d'un bout à l'autre de l'île en un instant, pour avoir le don de l'invisibilité, mais encore, et c'était la plus incontestée de ses facultés, attendu que de celle-ci la veste qu'on avait entre les mains faisait foi, pour être invulnérable.

Toutes les tentatives infructueuses faites contre Pascal, et dont on attribua la mauvaise réussite à des ressources surhumaines employées par le bandit, inspirèrent une telle terreur aux autorités napolitaines, qu'elles commencèrent à laisser Pascal Bruno à peu près tranquille. De son côté, le bandit, se sentant à l'aise, en devint plus audacieux encore; il allait prier dans les églises, non pas solitairement et à des heures où il ne pouvait être vu que de Dieu, mais en plein jour et pendant la messe; il descendait aux fêtes des villages, dansait avec les plus jolies paysannes et enlevait tous les prix du fusil aux plus adroits; enfin, chose incroyable, il s'en allait au spectacle tantôt à Messine, tantôt à Palerme, sous un déguisement il est vrai; mais chaque fois qu'il avait fait une escapade de ce genre, il avait le soin de la faire savoir d'une façon quelconque au chef de la police ou au commandant de la place. Bref, on s'était peu à peu habitué à tolérer Pascal Bruno comme une autorité de fait, sinon de droit.

Sur ces entrefaites, les événements politiques forcèrent le roi Ferdinand d'abandonner sa capitale et de se réfugier en Sicile : on comprend que l'arrivée du maître, et surtout la présence des Anglais, devaient rendre l'autorité un peu plus sévère; cependant, comme on voulait éviter, autant que possible, une collision avec Pascal Bruno, auquel on supposait toujours des forces considérables cachées dans la montagne, on lui fit offrir de prendre du service dans les troupes de

Sa Majesté avec le grade de capitaine, ou bien encore d'organiser sa bande en corps franc et de faire avec eux une guerre de partisans aux Français. Mais Pascal répondit qu'il n'avait d'autre bande que ses quatre chiens corses, et que, quant à ce qui était de faire la guerre aux Français, il leur porterait bien plutôt secours, attendu qu'ils venaient pour rendre la liberté à la Sicile comme ils l'avaient rendue à Naples, et que, par conséquent, Sa Majesté, à laquelle il souhaitait toute sorte de bonheur, n'avait que faire de compter sur lui.

L'affaire devenait plus grave par cet exposé de principes; Bruno grandissait de toute la hauteur de son refus: c'était encore un chef de bande, mais il pouvait changer ce nom contre celui de chef de parti. On résolut de ne pas lui en laisser le temps.

Le gouverneur de Messine fit enlever les juges de Bauso, de Saponara, de Calvaruso, de Rometta et de Spadafora, et les fit conduire à la citadelle. Là, après les avoir fait enfermer tous les cinq dans le même cachot, il prit la peine de leur faire une visite en personne pour leur annoncer qu'ils demeureraient ses prisonniers tant qu'ils ne se rachèteraient pas en livrant Pascal Bruno. Les juges jetèrent les hauts cris, et demandèrent au gouverneur comment il voulait que du fond de leur prison ils accomplissent ce qu'ils n'avaient pu faire lorsqu'ils étaient en liberté. Mais le gouverneur leur répondit que cela ne le regardait point, que c'était à eux de maintenir la tranquillité dans leurs villages comme il la maintenait, lui, à Messine; qu'il n'allait pas leur demander conseil, à eux, quand il avait quelque sédition à réprimer, et que par conséquent il n'avait pas de conseil à leur offrir quand ils avaient un bandit à prendre.

Les juges virent bien qu'il n'y avait pas moyen de plaisanter avec un homme doué d'une pareille logique; chacun d'eux écrivit à sa famille, ils parvinrent à réunir une somme de 250 onces (4,000 francs à peu près); puis, cette somme réunie, ils prièrent le gouverneur de leur accorder l'honneur d'une seconde visite.

Le gouverneur ne se fit pas attendre. Les juges lui dirent alors qu'ils croyaient avoir trouvé un moyen de prendre Bruno, mais qu'il fallait pour cela qu'on leur permît de communiquer avec un certain Placido Tommaselli, intime ami de Pascal Bruno. Le gouverneur répondit que c'était la chose la plus facile, et que le lendemain l'individu demandé serait à Messine.

Ce qu'avaient prévu les juges arriva : moyennant la somme de 250 onces, qui fut remise à l'instant même à Tommaselli, et somme pareille qui lui fut promise pour le lendemain de l'arrestation, il s'engagea à livrer Pascal Bruno.

L'approche des Français avait fait prendre des mesures extrêmement sévères dans l'intérieur de l'île : toute la Sicile était sous les armes comme au temps de Jean de Procida ; des milices avaient été organisées dans tous les villages, et les milices, armées et approvisionnées de munitions, se tenaient prêtes à marcher d'un jour à l'autre.

Un soir, les milices de Calvaruso, de Saponara et de Rometta reçurent l'ordre de se rendre vers minuit entre le cap Blanc et la plage de San-Giacomo. Comme le rendez-vous indiqué était au bord de la mer, chacun crut que c'était pour s'opposer au débarquement des Français. Or, comme peu de Siciliens partageaient les bons sentiments de Pascal Bruno à notre égard, toute la milice accourut pleine d'ardeur au rendez-vous. Là, les chefs félicitèrent leurs hommes sur l'exactitude qu'ils avaient montrée, et leur faisant tourner le dos à la mer, ils les séparèrent en trois troupes, leur recommandèrent le silence, et commencèrent à s'avancer vers la montagne, une troupe passant à travers le village de Bauso, et les deux autres troupes le longeant de chaque côté. Par cette manœuvre toute simple, la petite forteresse de Castel-Novo se trouvait entièrement enveloppée. Alors les milices comprirent seulement dans quel but on les avait rassemblées; prévenus du motif, la plupart de ceux qui composaient la troupe ne seraient pas venus; mais une fois qu'ils y étaient, la honte de faire autrement que les autres les retint : chacun fit donc assez bonne contenance.

On voyait les fenêtres du château de Castel-Novo ardemment illuminées, et il était évident que ceux qui l'habitaient étaient en fête; en effet, Pascal Bruno avait invité trois ou quatre de ses amis, au nombre desquels était Tommaselli, et leur donnait un souper.

Tout à coup, au milieu de ce souper, la chienne favorite de Pascal, qui était couchée à ses pieds, se leva avec inquiétude, alla vers une fenêtre, se dressa sur ses pattes de derrière et hurla tristement. Presque aussitôt les trois chiens qui étaient attachés dans la cour répondirent par des aboiements furieux. Il n'y avait point à s'y tromper, un péril quelconque menaçait.

Pascal jeta un regard scrutateur sur ses convives: quatre d'entre eux paraissaient fort inquiets; le cinquième seul, qui était Placido Tommaselli, affectait une grande tranquillité. Un sourire imperceptible passa sur les lèvres de Pascal.

— Je crois que nous sommes trahis, dit-il.

— Et par qui trahis ? s'écria Placido.

— Je n'en sais rien, reprit Bruno, mais je crois que nous le sommes.

Et à ces mots il se leva, marcha droit à la fenêtre, et l'ouvrit.

Au même instant un feu de peloton se fit entendre, sept ou huit balles entrèrent dans la chambre, et deux ou trois carreaux de la fenêtre brisés aux côtés et au-dessus de la tête de Pascal tombèrent en morceaux autour de lui. Quant à lui, comme si le hasard eût pris à tâche d'accréditer les bruits étranges qui s'étaient répandus sur son compte, pas une seule balle ne le toucha.

— Je vous l'avais bien dit, reprit tranquillement Bruno en se retournant vers ses convives, qu'il y avait quelque Judas parmi nous.

— Aux armes ! aux armes ! crièrent les quatre convives qui avaient d'abord paru inquiets, et qui étaient des affiliés de Pascal; aux armes !

— Aux armes! et pour quoi faire? s'écria Placido; pour nous faire tuer tous? Mieux vaut nous rendre.

— Voilà le traître, dit Pascal en dirigeant le bout de son pistolet sur Tommaselli.

— A mort! à mort, Placido! crièrent les convives en s'élançant sur lui pour le poignarder avec les couteaux qui se trouvaient sur la table.

— Arrêtez, dit Bruno.

Et prenant Placido, pâle et tremblant, par le bras, il descendit avec lui dans une cave située juste au-dessous de la chambre où la table était dressée, et lui montrant, à la lueur de la lampe qu'il tenait de l'autre main, trois tonneaux de poudre, communiquant les uns aux autres par une mèche commune, laquelle grimpant le long du mur communiquait à travers le plafond avec la chambre du souper :

— Maintenant, dit Bruno, va trouver le chef de la troupe, et dis-lui que s'il essaie de me prendre d'assaut, je me fais sauter, moi et tous ses hommes. Tu me connais, tu sais que je ne menace pas inutilement ; va, et dis ce que tu as vu.

Et il ramena Tommaselli dans la cour.

— Mais par où vais-je sortir? demanda celui-ci, qui voyait toutes les portes barricadées.

— Voici une échelle, dit Bruno.

— Mais ils croiront que je veux me sauver, et ils tireront sur moi, s'écria Tommaselli.

— Dam, ceci, c'est ton affaire, dit Bruno ; que diable ! quand on fait le commerce, on ne spécule pas toujours à coup sûr.

— Mais j'aime mieux rester ici, dit Tommaselli.

Pascal, sans répondre une seule parole, tira un pistolet de sa ceinture, d'une main le dirigea sur Tommaselli, et de l'autre lui montra l'échelle.

Tommaselli comprit qu'il n'y avait rien à répliquer, et commença son ascension, tandis que Bruno détachait ses trois chiens corses.

Le traître ne s'était pas trompé; à peine eut-il dépassé la muraille de la moitié du corps que quinze ou vingt coups de fusil partirent, et qu'une balle lui traversa le bras.

Tommaselli voulut se rejeter dans la cour, mais Bruno était derrière lui le pistolet à la main.

— Parlementaire! cria Tommaselli, parlementaire! je suis Tommaselli; ne tirez pas, ne tirez pas.

— Ne tirez pas, c'est un ami, dit une voix qu'à son accent de commandement on n'eut pas de peine à reconnaître pour celle d'un chef.

Il prit alors à Pascal Bruno une terrible envie de lâcher dans les reins du traître le coup de pistolet dont il l'avait déjà trois fois menacé, mais il réfléchit que mieux valait lui laisser accomplir la commission dont il l'avait chargé que d'en tirer une vengeance inutile. Au reste, Tommaselli, qui avait jugé qu'il n'y avait pas pour lui de temps à perdre, sans se donner la peine de tirer l'échelle de l'autre côté du mur, venait de sauter du haut en bas.

Pascal Bruno entendit le bruit de ses pas qui s'éloignaient, et remontant aussitôt vers ses compagnons :

— Maintenant, dit-il, nous pouvons combattre tranquillement, il n'y a plus de traîtres parmi nous.

En effet, dix minutes après, le combat commença. Grâce à l'avis donné par Tommaselli, les miliciens n'osaient risquer un assaut, dans la crainte qu'ainsi que l'avait dit Bruno, il ne les fît tous sauter avec lui ; on se borna donc à une guerre de fusillade : c'était ce que désirait le bandit, qui ainsi gagnait du temps, et qui, grâce à son adresse et à celle de ses compagnons, espérait obtenir une capitulation honorable.

Tous les avantages de la position étaient pour Bruno. Abrités par les murailles, lui et ses compagnons tiraient à coup sûr, tandis que les miliciens essuyaient le feu à découvert : aussi chaque balle portait-elle; et quoiqu'ils répondissent par des feux de peloton à des coups isolés, une vingtaine d'hommes des leurs étaient déjà couchés sur le carreau, que pas un des quatre assiégés n'avait encore reçu une seule égratignure.

Vers les onze heures du matin, un des miliciens attacha son mouchoir à la baguette de son fusil et fit signe qu'il avait des propositions à faire. Pascal se mit aussitôt à une fenêtre et lui cria d'approcher.

Le milicien approcha : il venait proposer, au nom des chefs assiégeants, à la garnison de se rendre. Pascal demanda quelles étaient les conditions imposées : c'étaient la potence pour lui et les galères pour ses quatre compagnons : il y avait déjà amélioration dans la situation des choses, puisque, s'ils avaient été pris sans capitulation, ils ne pouvaient manquer d'être pendus tous les cinq. Cependant la proposition ne parut pas assez avantageuse à Pascal Bruno pour être reçue avec enthousiasme, et il renvoya le parlementaire avec un refus.

Le combat recommença et dura jusqu'à cinq heures du soir. A cinq heures du soir, les miliciens comptaient plus de soixante des leurs hors de service, tandis que Pascal Bruno et un de ses compagnons étaient encore sains et saufs et que les deux autres n'avaient encore reçu que de légères blessures.

Cependant les munitions diminuaient : non pas en poudre, il y en avait pour soutenir un siége de trois mois ; mais les balles commençaient à s'épuiser. Un des assiégés ramassa toutes celles qui avaient pénétré par les fenêtres dans l'intérieur de l'appartement, et, tandis que les trois autres continuaient de répondre au feu de la milice, il les refondit au calibre des carabines de ses compagnons.

Le même parlementaire se représenta : il venait proposer les galères à temps au lieu des galères à vie, et proposait, séance tenante, de débattre le chiffre. Quant à Pascal Bruno, son sort était fixé, et aucune transaction, comme on le comprend bien, ne pouvait l'adoucir.

Pascal Bruno répondit que c'était déjà mieux que la première fois, et que si l'on voulait promettre liberté entière à ses compagnons, il y aurait peut-être moyen de s'entendre.

Le parlementaire regagna les rangs des miliciens, et la fusillade recommença.

La nuit fut fatale aux assiégeants. Pascal, qui voyait ses munitions s'épuiser, ne tirait qu'à coup sûr et recommandait à ses compagnons d'en faire autant. Les miliciens perdirent encore une vingtaine d'hommes. Plusieurs fois les chefs avaient voulu les faire monter à l'assaut; mais la perspective qui les attendait dans ce cas, et que leur avait énergiquement dépeinte Tommaselli, les maintint toujours à distance, et ni promesses ni menaces ne parvinrent à les décider à cet acte de courage, qu'ils appelaient, eux, un acte de folie.

Enfin, le matin, vers six heures, le parle-

mentaire reparut une troisième fois : il offrait
grâce entière, complète, irrévocable, aux quatre
compagnons de Pascal Bruno; quant à lui, il
n'y avait rien de changé à son avenir : c'était
toujours la potence.

Les compagnons de Pascal voulaient tirer
sur le parlementaire, mais Pascal les arrêta
d'un geste impérieux.

— J'accepte, dit-il.

— Que fais-tu? s'écrièrent les autres.

— Je vous sauve la vie, dit Bruno.

— Mais toi? reprirent les autres.

— Moi, dit Bruno en riant, ne savez-vous
point que je me transporte où je veux, que je
me fais invisible à ma volonté, et que je suis
toujours invulnérable? Moi, je sortirai de prison, et dans quinze jours je vous aurai rejoints dans la montagne.

— Parole d'honneur? demandèrent les
compagnons de Bruno.

— Parole d'honneur, répondit celui-ci.

— Alors c'est autre chose, dirent-ils, fais
comme tu voudras.

Bruno reparut à la fenêtre.

— Ainsi, tu acceptes? lui demanda le parlementaire.

— Oui, mais à une condition.

— Laquelle?

— C'est qu'un de vos chefs me servira d'otage ici même, et que je ne le relâcherai que lorsque je verrai mes quatre amis parfaitement libres dans la campagne.

— Puisque tu as la parole des chefs, dit le parlementaire.

— C'est sur une parole semblable que mes six oncles ont été envoyés aux galères ; ne vous étonnez donc pas de ce que je prends mes précautions.

— Mais..., dit le parlementaire.

— Mais, interrompit Bruno, c'est à prendre ou à laisser.

Le parlementaire retourna vers les assiégeants. Aussitôt les chefs se formèrent en conseil : une délibération eut lieu ; cette délibération eut pour résultat que les trois capitaines de milice tireraient au sort, et que celui que le sort désignerait se constituerait l'otage de Bruno.

Les trois billets furent mis dans un chapeau ; deux de ces billets étaient blancs, le troisième était noirci intérieurement avec de la poudre. Le billet noir était le billet perdant.

Les Siciliens sont braves, j'ai déjà eu occasion de le dire, et je le répète: le capitaine auquel tomba le billet noir donna une poignée de main à ses camarades, déposa à terre son fusil et sa giberne, et, prenant à son tour la baguette de fusil ornée du mouchoir blanc, pour ne laisser aucun doute sur sa mission pacifique, il s'achemina vers la porte du château qui s'ouvrit devant lui. Derrière la porte, il trouva Bruno et ses quatre compagnons.

— Eh bien! dit l'otage, acceptes-tu les conditions proposées? Tu vois que nous les acceptons, nous, et que nous comptons les tenir, puisque me voilà.

— Et moi aussi je les accepte, et je les tiendrai, dit Bruno.

— Et vos quatre compagnons libres, vous vous rendrez à moi?

— A vous, et pas à un autre.

— Sans conditions nouvelles?

— A une seule.

— Laquelle?

— C'est que j'irai à pied à Messine ou à Palerme, soit qu'on veuille me pendre dans l'une ou dans l'autre de ces deux villes; et qu'on ne me liera ni les jambes, ni les bras.

— Accordé.

— A merveille.

Pascal Bruno se retourna vers ses quatre amis, les embrassa les uns après les autres, et, en les embrassant, leur donna à chacun rendez-vous à quinze jours de là, dans la montagne; car, sans cette promesse peut-être, ces braves gens n'eussent-ils pas voulu le quitter. Puis, saisissant l'otage par le poignet pour qu'il n'essayât point de s'échapper, il le fit monter avec lui dans la chambre dont les fenêtres donnaient sur la montagne.

Bientôt les quatre compagnons de Bruno parurent; selon la promesse faite, ils sortaient armés et parfaitement libres. Les rangs des miliciens s'ouvrirent devant eux, et ils franchirent sans empêchement le cordon vivant qui enfermait la petite forteresse ; puis ils continuèrent à s'avancer vers la montagne. Bientôt ils s'enfoncèrent dans un petit bois d'oliviers qui s'étendait entre le château et la première colline de la chaîne des monts Pelores; puis ils reparurent gravissant cette colline, puis enfin ils arrivèrent à son sommet. Là, tous quatre, les bras enlacés, se retournèrent vers Pascal, qui les avait suivis d'un long regard, et lui firent un signe avec leurs chapeaux. Pascal répondit à ce signe avec son mouchoir. Ce dernier adieu échangé, tous quatre prirent leur course et disparurent de l'autre côté de la colline.

Alors Pascal lâcha le bras de son otage, qu'il avait fortement serré jusque-là, et se retournant vers lui :

— Tenez, lui dit-il, vous êtes un brave;

j'aime mieux que ce soit vous qui héritiez de moi que la justice. Voici ma bourse, prenez-la; il y a dedans trois cent quinze onces. Maintenant je suis à vos ordres.

Le capitaine ne se fit pas prier; il mit la bourse dans sa poche, et demanda à Pascal s'il n'avait pas quelque dernière recommandation à lui faire.

— Non, dit Pascal, sinon que je voudrais que mes quatre pauvres chiens fussent bien placés. Ce sont de bonnes et nobles bêtes qui rendront en services à leur maître bien au-delà du pain qu'ils lui mangeront.

— Je m'en charge, dit le capitaine.

— Eh bien! voilà tout, répondit Pascal. Ah! quant à ma chienne Lionna, je désire qu'elle reste avec moi jusqu'au moment de ma mort; c'est ma favorite.

— C'est convenu, répondit le capitaine.

— Voilà. Il n'y a plus rien que je sache, continua Pascal Bruno avec la plus grande tranquillité. — Maintenant marchons.

Et il montrait le chemin au capitaine, qui

ne pouvait s'empêcher d'admirer ce froid et tranquille courage, il descendit le premier ; le capitaine le suivit, et tous deux arrivèrent, au milieu du plus profond silence, au premier rang des miliciens.

— Me voilà, dit Pascal. Maintenant où allons-nous ?

— A Messine, dirent les trois capitaines.

—A Messine, soit, reprit Bruno. Marchons donc.

Et il prit la route de Messine entre deux haies de miliciens, tenant le milieu de la route avec ses quatre chiens corses qui le suivaient la tête basse, et comme s'ils eussent deviné que leur maître était prisonnier.

Comme on le comprend bien, son procès ne fut pas long. Lui-même alla au-devant de l'interrogatoire en racontant toute sa vie. Il fut condamné à être pendu.

La veille de l'exécution, un ordre arriva de transporter le condamné à Palerme. Gemma, la fille du comte de Castel-Novo qui avait été tué par le père de Bruno, était fort bien en cour; et, comme elle désirait assister à l'exécution, elle avait obtenu que Pascal fût pendu à Palerme.

Comme il était indifférent à Pascal d'être pendu à un endroit ou à un autre, il ne fit aucune réclamation.

Le condamné fut conduit en poste, escorté d'une escouade de gendarmerie, et en deux jours il fut arrivé à sa destination. L'exécution fut fixée au lendemain, qui était un mardi, et l'on donna congé aux colléges et aux tribunaux, afin que chacun pût assister à cette solennité.

Le soir, le prêtre entra dans la prison et trouva Bruno très-pâle et très-faible. Il ne s'en confessa pas moins d'une voix calme et ferme; seulement, à la fin de la confession, il avoua qu'il venait de s'empoisonner et qu'il commençait à sentir les atteintes du poison. C'est ce qui causait cette pâleur et cette faiblesse dont le prêtre s'était étonné dans un homme comme lui.

Le prêtre dit à Bruno qu'il était prêt à lui

donner l'absolution de tous ses crimes, mais non de son suicide. Pour que ses crimes lui fussent remis, il fallait l'expiation de la honte. Il avait voulu échapper par orgueil à cette expiation. C'était un tort aux yeux du Seigneur.

Bruno frémit à l'idée de mourir sans absolution. Cet homme, auquel aucune puissance humaine n'eût pu faire baisser les yeux, tremblait comme un enfant devant la damnation éternelle.

Il demanda au prêtre ce qu'il fallait faire, et dit qu'il le ferait. Le prêtre appela aussitôt le geôlier, et lui ordonna d'aller chercher un médecin et de le prévenir qu'il eût à prendre avec lui les contre-poisons les plus efficaces.

Le médecin accourut. Les contre-poisons, administrés à temps, eurent leur effet. A minuit, Pascal Bruno était hors de danger ; à minuit et demi, il recevait l'absolution.

Le lendemain, à huit heures du matin, il sortit de l'église de Saint-François-de-Sales, où il avait passé la nuit en chapelle ardente, pour se rendre à la place de la Marine, où l'exécution devait avoir lieu. La marche était accompagnée de tous les accessoires terribles des exécutions italiennes; Pascal Bruno était lié sur un âne marchant à reculons, précédé du bourreau et de son aide, suivi de la confrérie de pénitents qui portaient la bière où il devait reposer dans l'éternité, et accompagné d'hommes revêtus de longues robes trouées aux yeux seulement, tenant à la main une tirelire qu'ils agitaient comme une sonnette, et qu'ils présentaient pour recevoir l'aumône des fidèles, destinée à faire dire des messes pour le condamné.

L'encombrement était tel dans la rue del Cassero, que le condamné devait longer dans toute son étendue, que plus d'une fois le cortége fut forcé de s'arrêter. A chaque fois, Pascal étendait son regard calme sur toute cette foule qui, sentant que ce n'était pas un homme ordinaire qui allait mourir, le suivait avec une curiosité croissante, mais pieuse, et sans qu'aucune insulte fût proférée contre le condamné; au contraire, beaucoup de récits circulaient dans la foule, traits de courage ou de bonté attribués à Pascal, et dont les uns exaltaient les hommes, tandis que les autres attendrissaient les femmes.

A la place des Quatre-Cantons, comme le cortége subissait une de ces haltes nombreuses que lui imposait l'encombrement des rues, quatre nouveaux moines vinrent se joindre au cortége de pénitents qui suivaient immédiatement Pascal. Un de ces moines leva son capuchon, et Pascal reconnut un des braves qui avaient soutenu le siége avec lui; il comprit aussitôt que les trois autres moines étaient ses trois autres compagnons, et qu'ils étaient venus là dans l'intention de le sauver.

Alors Pascal demanda à parler à celui des moines avec lequel il avait échangé un signe de reconnaissance, et le moine s'approcha de lui.

— Nous venons pour te sauver, dit le moine.

— Non, dit Pascal, vous venez pour me perdre.

— Comment cela?

— Je me suis rendu sans restriction aucune, je me suis rendu sur la promesse qu'on vous laisserait la vie, et on vous l'a laissée. Je suis aussi honnête homme qu'eux; ils ont tenu leur parole, je tiendrai la mienne.

— Mais..., reprit le moine, essayant de convaincre le condamné.

— Silence, dit Pascal, ou je vous fais arrêter.

Le moine reprit son rang sans mot dire; puis, lorsque le cortége se fut remis en marche, il échangea quelques paroles avec ses compagnons, et à la première rue transversale qui se présenta ils quittèrent la file et disparurent.

On arriva sur la place de la Marine : les balcons étaient chargés des plus belles femmes et des plus riches seigneurs de Palerme. L'un d'eux surtout, placé juste en face du gibet, était, comme aux jours de fêtes, tendu d'une draperie de brocart; c'était celui qui était réservé à la comtesse Gemma de Castel-Novo.

Arrivé au pied de la potence, le bourreau

descendit de cheval et planta sur la poutre transversale le drapeau rouge, signal de l'exécution : aussitôt on délia Pascal, qui sauta à terre, monta de lui-même et à reculons l'échelle fatale, présenta son cou pour qu'on y passât le lacet, et, sans attendre que le bourreau le poussât, s'élança lui-même de l'échelle.

Toute la foule jeta un cri simultané ; mais si puissant que fût ce cri, celui que poussa le condamné le domina de telle sorte, que chacun en conçut cette idée, que ce cri était celui que jetait le diable en lui sortant du corps; si bien qu'il y eut dans la foule une terreur telle, que les assistants se ruèrent les uns sur les autres, et que dans la bagarre l'oncle de notre capitaine, qui était chef de milice, perdit, comme nous le raconta celui-ci, ses boucles d'argent et sa cartouchière.

Le corps de Bruno fut remis aux pénitents blancs, qui se chargèrent de l'ensevelir; mais, comme ils l'avaient rapporté au couvent où ils s'occupaient de ce pieux office, le bourreau se présenta et vint réclamer la tête. Les pénitents voulurent d'abord défendre l'intégralité du cadavre, mais le bourreau tira de sa poche un ordre du ministre de la justice qui décrétait que la tête de Pascal Bruno serait, pour servir d'exemple, exposée dans une cage de fer le long des murailles du château baronial de Bauso.

Ceux qui désireront de plus amples renseignements sur cet illustre bandit, pourront recourir au roman que j'ai publié sur lui en 1837 ou 38, je crois ; ceci étant son histoire pure et simple, telle que me l'a racontée, et telle que je l'ai encore signée de sa main dans mon album, son excellence don Cesare Alletto, notaire à Calvaruso.

CHAPITRE IX.

SCYLLA.

Aussitôt cette histoire terminée, écrite sur mon album et revêtue du seing authentique du digne fonctionnaire qui me l'avait racontée, et que la force de son esprit mettait, comme on le voit, au-dessus des traditions superstitieuses auxquelles croyaient si aveuglément les gens de notre équipage, nous nous levâmes et nous acheminâmes vers les lieux où s'était passée une partie des événements qui viennent de se développer sous les yeux de nos lecteurs.

Le premier point de notre investigation était la maison paternelle de Pascal : cette maison, dont la porte fermée par lui n'a jamais été rouverte par personne, est empreinte d'un cachet de désolation qui va bien aux souvenirs qu'elle rappelle ; les murs se lézardent, le toit s'affaisse, le volet du premier, décroché, pend à un de ses gonds. Je demandai une échelle pour regarder dans l'intérieur de la chambre par un des carreaux brisés ; mais don César me prévint que ma curiosité pourrait être mal interprétée par les habitants du village et m'attirer quelque mauvaise affaire. Comme cette susceptibilité des Bausiens tenait au fond à un sentiment de piété, je ne voulus le heurter en rien ; et après avoir, tant bien que mal et pour mes souvenirs particuliers, jeté sur mon album un petit croquis de cette maison, dont les murs avaient enfermé tant de malheurs différents et tant de passions diverses, je repris mon chemin vers le château baronial.

Il est situé à l'extrémité droite de la rue, si l'on peut appeler rue une suite de jardins, ou plutôt de champs et de maisons que rien ne rattache ensemble, et qui montent sur une petite pente. Cependant, il faut le dire, les touffes énormes de figuiers et de grenadiers semés tout le long du chemin, et du milieu desquelles s'élance le jet flexible de l'aloès, donnent à tout ce paysage un caractère particulier qui n'est pas sans charmes : à mesure que l'on monte, on voit, au-dessus des toits d'une rue transversale, apparaître d'abord le sommet fumant de Stromboli, puis les îles moins élevées que lui, puis enfin la mer, vaste nappe d'azur qui se confond avec l'azur du ciel.

Le château baronial, en face duquel s'élève une de ces belles croix de pierres du seizième siècle pleines de caractère, dans sa fruste nudité est une petite bâtisse à qui ses créneaux donnent un air de crânerie qui fait plaisir à voir. Sur la face qui regarde la croix sont deux cages, ou plutôt, et pour donner une idée plus exacte de la chose, deux lanternes sans verres. L'une de ces deux cages est vide; c'est celle où était la tête du père de Pascal Bruno, et que son fils, dans un moment d'étrange piété, enleva avec la balle de sa carabine : l'autre contient un crâne blanchi par trente-cinq ans de soleil et de pluie ; ce crâne est celui de Pascal Bruno.

Une fenêtre voisine de la cage a été murée pour que le crâne ne fût point enlevé ; mais Pascal était le seul de sa famille, et aucune tentative ne fut faite pour soustraire ce dernier débris à son dernier châtiment.

Du reste, le souvenir du bandit était aussi vivant dans le village que s'il était mort de la veille. Une douzaine de paysans, ayant appris la cause de notre voyage à Bausio, nous accompagnaient dans notre exploration, et, paraissant tout fiers que la réputation de leur compatriote eût traversé la mer, ajoutaient, chacun selon ses souvenirs personnels ou les traditions orales, quelques traits caractéristiques de cette vie aventureuse et excentrique, et qui venaient se joindre comme une broderie fantasque et bariolée à la sévère esquisse historique tracée sur mon album par le notaire de Calvaruso. Parmi cette suite que nous traînions après nous, était un vieillard de soixante-quatorze ans : c'était le même à qui Pascal Bruno avait fait rendre les 25 onces ; aussi parlait-il du bandit avec enthousiasme et nous assura-t-il que, depuis l'époque de sa mort, il faisait dire tous les ans une messe pour lui. Non pas, ajouta-t-il, qu'il en ait besoin ; car, à son avis, si celui-là n'était pas en paradis, personne n'avait le droit d'y être.

Du château baronial nous nous enfonçâmes à gauche et à travers terres, en suivant un sentier tracé au milieu d'une plantation d'oliviers ; au bout d'un quart d'heure de marche à peu près, nous nous trouvâmes dans une petite plaine circulaire dont la forteresse de Castel-Novo formait le centre. C'était là le palais de Pascal Bruno.

La forteresse est dans un état de délabrement qui correspond à peu près à celui où se trouve la maison de Pascal Bruno. Abandonnée par l'intendant du comte, elle ne fut jamais, depuis la mort du bandit, occupée par aucun membre ni aucun serviteur de cette noble famille. Aujourd'hui, une pauvre femme en haillons et quelques enfants à moitié nus y ont trouvé un asile et en habitent un coin; vivant là, comme des animaux sauvages dans leur tanière, de racines, de fruits et de coquillages; quant à un loyer quelconque, il est bien entendu qu'il n'en est pas question.

La vieille femme nous fit voir l'appartement qu'habitait Pascal et la chambre dans laquelle lui et ses quatre compagnons avaient soutenu un siége de près de trente-six heures : les murs extérieurs étaient criblés de balles; les contrevents de chaque fenêtre, les parois de la chambre étaient mutilés. Je comptai celles qui avaient frappé dans un seul contrevent, il y en avait dix-sept.

En descendant on me montra la niche où étaient enfermés les quatre fameux chiens corses qui ont laissé dans le village un souvenir presque aussi terrible que celui de leur maître.

Nous retournâmes à l'hôtel : il était trois heures de l'après-midi, je n'avais donc pas de temps à perdre pour revenir à Messine.

A huit heures du soir j'étais à Messine :

c'était une demi-heure trop tard pour sortir du port et m'en aller coucher à San-Giovanni ; d'ailleurs mes rameurs n'étaient pas prévenus, et chacun d'eux sans doute avait déjà pris pour sa soirée des arrangements que ma nouvelle résolution aurait fort contrariés ; je remis donc mon départ au lendemain matin.

A six heures du matin Pietro était à ma porte avec Philippe, le reste de l'équipage attendait dans la barque. Le maître de l'hôtel me remit mon passe-port visé à neuf, précaution qu'il ne faut jamais négliger quand on passe de Sicile en Calabre ou de Calabre en Sicile, et nous prîmes congé, probablement pour toujours, de Messine-la-Noble ; nous étions restés un peu plus de deux mois en Sicile.

Notre retour à San-Giovanni fut moins rapide que ne l'avait été notre départ pour La Pace : la traversée était la même, mais elle se faisait d'un cœur bien différent ; j'avais prévenu mes hommes que je les emmenais encore pour un mois à peu près, et, à part

Pietro, que sa joyeuse humeur ne quittait jamais, tout l'équipage était assez triste.

En arrivant je trouvai une lettre de Jadin, laquelle lettre me prévenait, qu'ayant commencé la veille un dessin de Scylla, il était parti au point du jour avec Milord et le mousse, afin d'achever, s'il était possible dans la journée, le susdit dessin. Je prévins le capitaine que je désirais partir le lendemain au point du jour ; il me demanda alors mon passe-port pour y faire apposer un nouveau visa, et me promit d'être prêt, lui et tout son monde, pour le moment que je désirais. Quant à moi, n'ayant rien de mieux à faire, je pris la route de Scylla pour me mettre en quête de Jadin.

La distance de San-Giovanni à Scylla est de cinq milles à peu près, mais cette distance est fort raccourcie par le pittoresque du chemin, qui côtoie presque toujours la mer et se déploie entre des haies de cactus, de grenadiers et d'aloès ; que domine de temps en temps quelque noyer ou quelque châtaignier à l'épais feuillage, sous l'ombre duquel étaient presque toujours assis un petit berger et son chien, tandis que les trois ou quatre chèvres dont il avait la garde grimpaient capricieusement à quelque rocher voisin, ou s'élevaient sur leurs pattes de derrière pour atteindre les premières branches d'un arbousier ou d'un chêne vert. De temps en temps aussi je rencontrais sur la route, et par groupes de deux ou trois, des jeunes filles de Scylla, à la taille élevée, au visage grave, aux cheveux ornés de bandelettes rouges et blanches, comme celles que l'on retrouve sur les portraits des anciennes Romaines; qui allaient à San-Giovanni, portant des paniers de fruits ou des cruches de lait de chèvre sur leur tête; qui s'arrêtaient pour me regarder passer, comme elles auraient fait d'un animal quelconque qui leur eût été inconnu, et qui, pour la plupart du temps, se mettaient à rire tout haut, et sans gêne aucune, de mon costume, qui, entièrement sacrifié à ma plus grande commodité, leur paraissait sans doute fort hétéroclite en comparaison du costume élégant que porte le paysan calabrais.

A trois ou quatre cents pas en avant de Scylla, je trouvai Jadin établi sous son parasol, ayant Milord à ses pieds et son mousse à côté de lui; ils formaient le centre d'un groupe de paysans et de paysannes calabrais, qu'on avait toutes les peines du monde à tenir ouvert du côté de la ville, et qui, se rapprochant toujours par curiosité, finissait de dix minutes en dix minutes par former un rideau venant entre le peintre et le paysage. Alors Jadin faisait ce que fait le berger : il envoyait Milord dans la direction où il désirait que la solution de continuité s'établît, et les paysans, qui avaient une terreur profonde de Milord, s'écartaient aussitôt, pour se reformer, il est vrai, dix minutes après. Cependant, comme tout cela s'opérait de la façon la plus bienveillante du monde, il n'y avait rien à dire.

La route m'avait aiguisé l'appétit, aussi offris-je à Jadin d'interrompre sa besogne pour venir déjeuner avec moi à la ville; mais Jadin, qui voulait terminer son croquis dans la journée, avait pris ses précautions pour ne point bouger de la place où il était établi;

le mousse avait été lui chercher du pain, du jambon et du vin, et il venait d'achever sa *collazione* au moment où j'arrivais. Je me décidai donc à déjeuner seul, et je m'acheminai vers la ville, moins prudent qu'Énée, mais croyant sur la foi de l'antiquité que Scylla n'était à craindre que lorsqu'on s'en approchait par mer. On va voir que je me trompais grossièrement, et que, quoique donnés il y a trois mille ans et à un autre qu'à moi, j'aurais bien fait de suivre les conseils d'Anchise.

J'arrivai à la ville tout en admirant son étrange situation. Bâtie sur une cime, elle descend comme un long ruban sur le versant occidental de la montagne, puis en tournant comme un *S* elle vient s'étendre le long de la mer, qui trouve dans le cintre que forme sa partie inférieure une petite rade où ne peuvent guère, à ce qu'il m'a paru, aborder que les bateaux pêcheurs et des bâtiments légers du genre des speronare. Cette rade est protégée par un haut promontoire de rochers, au haut duquel et dominant la mer est une forteresse bâtie par Murat. Au pied du rocher, et à une centaine de pas autour de lui, une foule d'écueils aux formes bizarres, et dont quelques-uns ont la forme de chiens dressés sur leurs pattes de derrière, sortent capricieusement de l'eau : de là sans doute la fable qui a donné à l'amante du dieu Glaucus sa terrible célébrité.

J'avais avisé de loin, grâce à la position ascendante de la rue, une maison entre les fenêtres de laquelle pendait une enseigne représentant un pélican rouge : l'emblème de cet oiseau, qui se déchire le sein pour nourrir ses enfants, me sembla une allusion trop directe à l'engagement que prenait le maître de l'auberge vis-à-vis des voyageurs, pour que j'hésitasse un instant à me laisser prendre à cet appât. J'aurais dû cependant songer qu'il y a pélican et pélican, comme il y a fagot et fagot, et qu'un pélican rouge n'est pas un pélican blanc; mais la prudence du serpent qu'on m'avait tant recommandée à l'égard des Calabrais m'abandonna pour cette fois, et j'entrai dans la souricière.

J'y fus merveilleusement reçu par l'hôte, qui, après m'avoir demandé des ordres pour le déjeuner et m'avoir répondu par l'éternel *subito* italien, me fit monter dans une chambre où l'on s'empressa effectivement de mettre mon couvert. Une demi-heure après, l'hôte entra lui-même, un plat de côtelettes à la main, et lorsqu'il m'eut vu attablé et piquant en affamé sur la préface de la collation, il me demanda toujours du même ton mielleux, si je n'avais pas un passe-port. Ne comprenant pas l'importance de la question, je lui répondis négligemment que non, que je ne voyageais pas pour le moment, mais me promenais purement et simplement; qu'en conséquence, j'avais laissé mon passe-port à San-Giovanni, où j'avais momentanément élu mon domicile. Mon hôte me répondit par un *benone* des plus tranquillisants, et je continuai d'expédier mon déjeuner, qu'il continua, de son côté, de me servir avec une politesse croissante.

Au dessert, il sortit pour m'aller chercher lui-même, me dit-il, les plus beaux fruits de son jardin. Je fis signe de la tête que je l'attendais avec la patience d'un homme qui a convenablement mangé, et, allumant ma cigarette, je me lançai, tout en suivant de l'œil les capricieuses décompositions de la fumée, dans ces rêves sereins et fantasques qui accompagnent d'ordinaire les digestions faciles.

J'étais au beau milieu de mon Eldorado, lorsque j'entendis trois ou quatre sabres qui retentissaient sur les marches de l'escalier. Je n'y fis point d'abord attention, mais, comme ces sabres s'approchaient de plus en plus de ma chambre, je finis cependant par me retourner. Au moment où je me retournais, ma porte s'ouvrit, et quatre gendarmes entrèrent : c'était le dessert que mon hôte m'avait promis.

Je dois rendre justice aux milices urbaines de S. M. le roi Ferdinand, ce fut en portant la main à leur chapeau à trois cornes et en m'appelant excellence, qu'elles me demandèrent le passe-port qu'elles savaient bien que je n'avais pas. Je leur fis alors la même réponse que j'avais faite à mon hôte, et, comme si elles ne s'y attendaient pas, les susdites milices se regardèrent d'un air qui voulait dire : Diable! diable! voilà une méchante affaire qui se prépare. Puis ces signes échangés, le brigadier se retourna de mon côté, et, toujours la main au chapeau, signifia à mon excellence qu'il était obligé de la conduire chez le juge.

Comme je me doutais bien que ses politesses aboutiraient à cette sotte proposition, et que je ne me souciais pas de traverser toute la ville entre quatre gendarmes, je fis signe au brigadier que j'avais une confidence à lui faire tout bas; il s'approcha de moi, et sans me lever de ma chaise :

— Faites sortir vos soldats, lui dis-je.

Le brigadier regarda autour de lui, s'assura qu'il n'y avait aucune arme à ma portée, et, se retournant vers ses acolytes, il leur fit signe de nous laisser seuls. Les trois gendarmes obéirent aussitôt, et je me trouvai en tête à tête avec mon homme.

— Asseyez-vous là, dis-je au brigadier en

lui montrant une chaise en face de moi. Il s'assit.

— Maintenant, lui dis-je en posant mes deux coudes sur la table et ma tête sur mes deux mains; maintenant que nous ne sommes que nous deux, écoutez, lui dis-je.

— J'écoute, me répondit mon Calabrais.

— Écoutez, mon cher maréchal des logis, car vous êtes maréchal des logis, n'est-ce pas?

— Je devrais l'être, excellence, mais les injustices...

— Vous le serez; laissez-moi donc vous donner un titre qui ne peut vous manquer d'un jour à l'autre et que vous méritez si bien sous tous les rapports. Maintenant, dis-je, mon cher maréchal des logis, vous n'êtes pas ennemi, lorsque la chose ne peut en rien vous compromettre, n'est-ce pas, d'un cigare de la Havane, d'une bouteille de Muscato-Calabrese, et d'une petite somme de deux piastres?

A ces mots, je tirai deux écus de mon gousset, et je les fis briller aux yeux de mon interlocuteur qui, par un mouvement instinctif, avança la main.

Ce mouvement me fit plaisir : cependant je ne parus pas le remarquer, et, renfonçant les deux piastres dans ma poche, je continuai.

— Eh bien, mon cher maréchal, tout cela est à votre service, si vous voulez seulement me permettre, avant de me conduire chez le juge, d'envoyer chercher mon passe-port à San-Giovanni ; pendant ce temps vous me tiendrez une agréable compagnie, nous fumerons, nous boirons, nous jouerons même aux cartes si vous aimez le piquet ou la bataille ; vos hommes, pour plus grande sûreté, resteront à la porte, et, pour qu'ils ne s'ennuient pas trop de leur côté, je leur enverrai trois bouteilles de vin ; ah ! voilà une proposition, j'espère : vous va-t-elle ?

— D'autant mieux, me répondit le brigadier, qu'elle s'accorde parfaitement avec mon devoir.

— Comment donc! est-ce que vous croyez que je me serais permis une proposition inconvenante? Peste! je n'aurais eu garde, je connais trop bien la rigidité des troupes de S. M. Ferdinand. A la santé de S. M. Ferdinand, maréchal; ah! vous ne pouvez pas refuser ou je dirai que vous êtes un sujet rebelle.

— Aussi je ne refuse pas, dit le brigadier.

Et il tendit son verre.

— Maintenant, me dit-il après avoir fait honneur au toast royal proposé par moi, maintenant, excellence, si on ne vous apportait pas de passe-port?

— Oh! alors, lui dis-je, vous auriez les deux piastres tout de même, et la preuve c'est que les voilà d'avance, tant j'ai confiance en vous, et vous serez parfaitement libre de me faire reconduire de brigade en brigade jusqu'à Naples.

Et je lui donnai les deux piastres, qu'il mit dans sa poche avec un laisser-aller qui prouvait l'habitude qu'il avait de ces sortes de négociations.

— Votre excellence a-t-elle une préférence quelconque pour le messager qui doit aller chercher son passe-port? me demanda alors le brigadier.

— Oui, maréchal; avec votre permission, je désirerais qu'un de vos hommes... Venez ici. Je le conduisis à la fenêtre et lui montrai de loin, sur la grande route, Jadin qui, sans se douter le moins du monde de l'embarras où je me trouvais, continuait à lever son croquis à l'ombre de son parasol. — Je désirerais, continuai-je, qu'un de vos hommes allât me chercher ce mousse que vous apercevez là-bas, près de ce gentilhomme qui peint. Le voyez-vous, là-bas, là-bas, tenez?

— Parfaitement.

— Il a de bonnes jambes, et, s'il y a trois ou quatre carlins à gagner, j'aime mieux qu'il les gagne qu'un autre.

— Je vais l'envoyer chercher.

— A merveille, maréchal, dites en même

temps qu'on nous monte une bouteille du meilleur muscat, qu'on donne trois bouteilles de syracuse sec à vos hommes, et apportez-moi une plume, de l'encre et du papier.

— A l'instant, excellence.

Cinq minutes après j'étais servi ; j'écrivis au capitaine :

« Cher capitaine, je suis, faute de passe-port, prisonnier dans l'auberge du Pélican-Rouge à Scylla ; ayez la bonté de m'apporter vous-même le papier qui me manque, afin de pouvoir donner aux autorités calabraises tous les renseignements, moraux et politiques, qu'elles peuvent désirer sur votre serviteur

» GUICHARD. »

Au bout de dix minutes le mousse était introduit près de moi. Je lui donnai ma lettre, accompagnée de quatre carlins, et lui recommandai d'aller toujours courant jusqu'à San-Giovanni, et surtout de ne pas revenir sans le capitaine.

Le bonhomme, qui n'avait jamais eu une pareille somme à sa disposition, partit comme le vent. Un instant après je le vis de la fenêtre qui gagnait consciencieusement ses quatre carlins ; il passa près de Jadin au pas gymnastique ; Jadin voulut l'arrêter, mais il lui montra la lettre et continua son chemin.

Et Jadin, qui tenait à finir son croquis, se remit à la besogne avec sa tranquillité ordinaire.

Quant à moi, j'entamai avec mon brigadier une conversation morale, scientifique et littéraire, dont il parut on ne peut plus charmé. Cette conversation durait depuis une heure et demie à peu près, ce qui faisait que, si intéressante qu'elle fût, elle commençait à tirer un peu en longueur, lorsque j'aperçus sur la route, non pas le capitaine seul, mais tout l'équipage, qui arrivait au pas de course ; à tout hasard, chacun s'était muni d'une arme quelconque, afin de me délivrer par force si besoin était. Nunzio seul était resté pour garder le bâtiment.

Le groupe fit une halte d'un instant près de Jadin ; mais comme il était infiniment moins instruit de mon aventure que le capitaine qui avait reçu ma lettre, ce fut lui qui se fit interrogateur. Le capitaine alors, pour ne pas perdre de temps, lui remit mon billet et continua sa route; Jadin le lut, fit un mouvement de tête qui voulait dire: Bon, bon, ce n'est que cela? mit soigneusement le billet dans une des nombreuses poches de sa veste, afin d'en augmenter sa collection d'autographes, et se remit à piocher.

Cinq minutes après, l'auberge du Pélican-Rouge était prise d'assaut par mon équipage, et le capitaine se précipitait dans ma chambre mon passe-port à la main.

Nous étions devenus si bons compagnons, mon brigadier et moi, qu'en vérité je n'en avais presque plus besoin.

Je n'en fus pas moins enchanté de ne pas avoir à mettre son amitié naissante à une trop rude épreuve; je lui tendis donc fièrement mon passe-port. Il jeta négligemment les yeux dessus, puis, ouvrant lui-même la porte :

— Son excellence le comte Guichard est en règle, dit-il, qu'on le laisse passer.

Toutes les portes s'ouvrirent. Moyennant mes deux piastres j'étais devenu comte.

— Dites donc, mon cher maréchal, lui demandai-je, si par hasard je rencontre sur mon chemin le maître de l'hôtel, est-ce que cela vous contrarierait que je l'assommasse?

— Moi, excellence? dit mon brave brigadier, pas le moins du monde, seulement prenez garde au couteau.

— Cela me regarde, maréchal.

— Et je descendis dans la douce espérance de régler mon double compte avec l'aubergiste du Pélican-Rouge; malheureusement, comme il se doutait sans doute de la chose, ce fut son premier garçon qui me présenta la carte; quant à lui, il était devenu parfaitement invisible.

Nous reprîmes Jadin en passant, et je rentrai triomphalement à San-Giovanni à la tête de mon équipage.

FIN DU PREMIER VOLUME.

TABLE
DES MATIÈRES.

TABLE DES CHAPITRES.

Chap. 1er. La maison des fous   1
    II. Mœurs et anecdotes siciliennes . . 49
    III. Excursion aux îles Éoliennes :
        Lipari 87
    IV. Vulcano 115
    V. Stromboli 135
    VI. La sorcière de Palma 159
    VII. Une trombe 197
    VIII. La cage de fer 231
    IX. Scylla 287

www.ingramcontent.com/pod-product-compliance
Lightning Source LLC
Chambersburg PA
CBHW071506160426
43196CB00010B/1445